COMPANHEIROS QUE PARTIRAM

JEFFREY MOUSSAIEFF MASSON

COMPANHEIROS QUE PARTIRAM

COMO LIDAR COM A PERDA DE UM ANIMAL DE ESTIMAÇÃO

Tradução

Sandra Martha Dolinsky

1ª edição

Rio de Janeiro | 2022

EDITORA-EXECUTIVA
Raïssa Castro

SUBGERENTE EDITORIAL
Rayana Faria

EQUIPE EDITORIAL
Mariana Gonçalves
Leandro Tavares
Ana Gabriela Mano

COPIDESQUE
Julia Marinho

REVISÃO
Fabio Gabriel

DIAGRAMAÇÃO
Mayara Kelly

TÍTULO ORIGINAL
Lost Companions: Reflections on the Death of Pets

CIP-BRASIL. CATALOGAÇÃO NA PUBLICAÇÃO
SINDICATO NACIONAL DOS EDITORES DE LIVROS, RJ

M372c Masson, Jeffrey Moussaieff
Companheiros que partiram : como lidar com a perda de um animal de estimação / Jeffrey Moussaieff Masson ; tradução Sandra Martha Dolinsky. - 1. ed. - Rio de Janeiro : BestSeller, 2022.

Tradução de: Lost companions
ISBN 978-65-5712-156-6

1. Animais de estimação - Morte. 2. Donos de animais de estimação - Psicologia. I. Dolinsky, Sandra Martha. II. Título.

21-74767 CDD: 636.0887
CDU: 636.045

Gabriela Faray Ferreira Lopes - Bibliotecária - CRB-7/6643

Impresso no Brasil
ISBN 978-65-5712-156-6

Para Ilan

Sumário

Agradecimentos

Este livro é dedicado a meu filho Ilan, porque — além de todas as maneiras como minha vida foi imensamente enriquecida pela existência dele e de meu outro filho, Manu — devo a ele profunda gratidão por ficar com Benjy por dois anos em Berlim, dando-lhe o merecido amor, enquanto ele próprio recebeu o amor especial pelo qual nosso cão é famoso. Eu esperaria o mesmo de Manu, que viveu com Benjy quase toda a vida. E atribuo sua extraordinária gentileza e bondade, pelo menos em parte, ao fato de ter sempre vivido com animais.

Quero agradecer a meu velho amigo Andy Ross (que conheci na época em que ele era dono da lendária Cody's Books na Telegraph Avenue, em Berkeley), agora meu agente literário. É o único agente que conheço que responde a um e-mail em segundos! E ele tem outra qualidade excelente: como meu bom amigo Daniel Ellsberg me disse recentemente, quando Andy foi embora após nós três nos encontrarmos para um café: "Jeffrey, você nunca me disse que Andy era tão divertido!"

Sou grato à minha esposa, Leila, por ler o livro e fazer suas habituais observações perspicazes. Ela tem sido a luz de minha vida nos últimos 25 anos, e devo tudo a ela.

Também quero agradecer à minha filha muito amada, Simone, que cresceu rodeada por muitos cães e gatos (e por isso quase se tornou veterinária). Vê-la desenvolver sentimentos tão maravilhosos e importantes pelos animais certamente teve um papel valioso para me inspirar a escrever sobre as emoções deles.

Clare Wadsworth, uma amiga da família e editora que vive no sul da França com uma matilha de cães, leu meu manuscrito e fez muitas sugestões úteis e, o mais importante, me deu o estímulo para continuar quando eu achava que simplesmente não conseguiria.

Jenny Miller leu e fez comentários sobre quase todos os livros que já escrevi, e este não foi exceção. Temos o mesmo amor pelos cães e a mesma antipatia pela psiquiatria, e suas observações são sempre sábias e diretas. Sou muito grato por toda a ajuda que ela me deu ao longo dos anos.

Tantas pessoas me contaram ótimas histórias sobre seus animais de estimação que eu não poderia agradecer a todas. A maioria aparece identificada no livro juntamente de seus relatos, e fiquei encantado por ver a quantidade de pessoas que se dispuseram a compartilhar suas histórias, suas dores e o amor por tantos animais diferentes. Também aprendi muito com a vasta gama de livros maravilhosos sobre cães, gatos e outros animais — e eles continuam sendo escritos em um número cada vez maior, a prova de que estamos só começando a descobrir a maravilha dos "outros". Hoje mesmo terminei o magnífico livro de Sigrid Nunez, *O amigo*, que ganhou o National Book Award de 2018, sobre a profunda amizade (na verdade, amor) entre uma mulher e um cachorro, que transborda pensamentos que talvez não fossem possíveis contemplar há apenas alguns anos. Recomendo o livro para todas as pessoas que amam animais.

Quem ama cães, gatos e pássaros entende que as outras pessoas têm sentimentos igualmente fortes por inúmeros outros animais que geralmente não são considerados de estimação. Penso em meus amigos David Brooks e Teya Pribac, que sentem o mesmo amor por sua ovelha resgatada que vive com eles em um ambiente idílico nas Montanhas Azuis, perto de Sydney. Teya acabou de escrever uma brilhante tese de doutorado que ajudou a elucidar, para mim, que os animais sentem o luto tanto quanto os humanos.

Enquanto redigia este livro, eu almoçava uma vez por semana com o incrível Brian Sherman (que, com sua filha igualmente incrível, Ondine, fundou a organização de direitos dos animais, Voiceless), sempre com a presença de Miracle, a cachorra que não saía de seu lado nem por um minuto, ainda mais agora que sabe que ele não está bem (o que a deixou mais determinada a ficar perto de seu melhor amigo). Foi uma inspiração observar isso, e me ajudou a pensar sobre os temas mais profundos deste livro.

Meu mais importante agradecimento vai para o amor que recebi durante a vida inteira de inúmeros cães, gatos e aves, e até mesmo de ratos, galinhas e coelhos, o que enriqueceu minha existência além de minha capacidade de descrever.

Por fim, preciso dizer algo sobre a equipe maravilhosa da St. Martin's Press, começando pela muito paciente e talentosa Daniela Rapp, que tive a sorte de ter como editora. Ela me incentivou a expandir o conteúdo deste livro de maneiras que eu não havia planejado inicialmente; agora, posso ver que esses acréscimos se encaixaram muito bem. Obrigado, Daniela, por ter uma visão mais ampla do que esta obra poderia ser. Ela teve a ajuda de David Stanford Burr, Mattew Carrera, Alyssa Gammello, Cassidy Graham, Brant Janeway, Erica Martirano, Donna Noetzel, Ervin Serrano e Vincent Stanley.

Prefácio

Meu encontro com o anjo da morte

O cachorro de sua infância lhe ensina muito sobre amizade, amor e morte: o velho Skip era meu irmão. Eles o enterraram sob nosso olmeiro, mas isso não era totalmente verdade, pois ele estava enterrado em meu coração.

Willie Morris, *My Dog Skip*

Acabei de ler o excelente livro de Frans de Waal, *O último abraço da matriarca: as emoções dos animais e o que eles revelam sobre nós*. O título do livro vem de um momento extraordinário na relação entre duas espécies diferentes: Mama, como foi chamada pelos humanos que a observaram no Zoológico de Burgers, em Arnhem, Holanda, era a matriarca chimpanzé de uma grande colônia. Ao longo de muitos anos, ela se tornou próxima do ilustre zoólogo holandês Jan van Hoof (professor emérito de biologia comportamental na Universidade de Utrecht e cofundador da colônia Burgers). Um mês antes de completar 59 anos, ela estava morrendo. Seu amigo zoólogo ia fazer 80 anos. Eles se conheciam havia mais de quarenta anos, mas ele não a via já fazia muito tempo. Quando Jan soube que ela estava morrendo, foi se despedir. Isso foi em 2016, e alguém que estava lá registrou em vídeo o que aconteceu. Foi surpreendente. Os chimpanzés vivem em uma ilha florestal dentro do zoológico, a maior estrutura desse tipo no mundo (para mim, isso ainda é uma forma de cativeiro, mas essa é uma discussão para outro dia). Mama estava confinada em uma gaiola, pois seus cuidadores tinham que tentar alimentá-la. Ela estava deitada em uma esteira de palha e não se mexia. Mas o que aconteceu a seguir, gravado e visto mais de dez milhões de vezes, foi comovente.*

Seus cuidadores estavam tentando alimentá-la com uma colher, mas ela se recusava a comer e beber. Estava apática e pouco responsiva; parecia bem perto da morte. Mas Jan chega e começa a acariciá-la. Ela se levanta devagar e olha para cima. Parece meio confusa, como se não entendesse quem estava ali. Mas então ela o reconhece, e de repente dá um grito de alegria. Jan a acaricia repetidamente: "Sim, sim, sou eu", e ela estende a mão para ele com um sorriso gigante e inconfundível, tocando-lhe o rosto com o dedo, bem suavemente. Ele a tranquiliza com palavras gentis de conforto, e ela penteia os cabelos dele com os dedos. Jan acaricia o rosto dela, e ela toca a cabeça dele repetidamente, enquanto ele diz: "Sim, Mama, sim." Ela o puxa para mais perto até que encosta o rosto no dele. Os dois estão comovidos, muito além das palavras, e Jan fica em silêncio acariciando o rosto de Mama. Então, ela volta à posição fetal. Ela morreu algumas semanas depois. Desafio qualquer um a assistir a esse encontro sem se debulhar em lágrimas.

Mas por quê? Por que choramos quando vemos esse amor que vai além da barreira das espécies? Acredito que é um desejo profundo e antigo de se relacionar com um membro de uma espécie diferente. É quase um milagre termos conseguido fazer isso facilmente com duas espécies domesticadas — gatos e cães. Muitas pessoas também se relacionam com cavalos e pássaros, e poucas com espécies completamente selvagens (você pode ler sobre isso mais adiante). O que escrevo aqui não é apenas sobre o fato de termos alcançado esse

---

* Você pode ver o vídeo aqui: <https://youtube.com/watch?v=INa-oOAexno>.

milagre e de estarmos surpresos e maravilhados com nosso sucesso, mas também sobre como relutamos a desistir, no fim, tanto quanto sob as mesmas circunstâncias nos vemos forçados a dizer adeus aos humanos que amamos. Não há desafio maior que enfrentar a morte de um ente querido, seja mãe ou pai, filho, amigo, cônjuge ou o animal que aprendemos a amar como a qualquer outro membro da família. O que vemos no vídeo do "Último abraço de Mama" é que isso pode acontecer até com um animal selvagem, inclusive em cativeiro. A morte parece ser o grande nivelador, e não importa quem fica de luto por quem: a dor de ambos os lados é tangível e profunda.

Enquanto estava imerso na escrita deste livro, tive o que Sigmund Freud chamou de "um grande sonho", isto é, um carregado de medo e significado. Uma mulher com um arco e uma aljava cheia de flechas apareceu de repente diante de mim e de minha esposa, Leila. Eu sabia que ela era o anjo da morte. Ela me ofereceu outra vida (uma vida diferente? Esta vida, apenas mais longa), se eu permitisse que atirasse uma flecha em meu coração. "Vai doer e vai sangrar muito", explicou ela, mas o resultado seria que eu poderia continuar vivendo por muito tempo. Concordei. Quando isso aconteceria não ficou explícito. Mais tarde, ainda no sonho, fui dar uma volta de bicicleta nas colinas com meu filho de 23 anos, Ilan. Quando minha bicicleta perdeu uma roda, Ilan entrou em uma caverna para consertá-la e, de repente, o céu mudou drasticamente de cor. Eu sabia que o momento havia chegado e experimentei uma sensação diferente de qualquer outra que já havia vivido; era uma mistura de terror e excitação, e enquanto a sentia, sabia que ela jamais se repetiria. Eu estava em paz e também terrivelmente assustado, porque entendi que o que estava para acontecer seria extremamente doloroso. O anjo da morte estava mais uma vez à minha frente. Ela acenou com a cabeça como se dissesse: "O momento chegou." Tirou uma flecha afiada de sua aljava, colocou-a no arco, puxou a corda e mirou em meu coração. Eu me preparei para o golpe. *É isso,* pensei. *Este é o momento mais importante de minha vida.* Eu nunca estive tão assustado, mas também estava extremamente curioso para saber como aconteceria. De repente, acordei. Meu coração batia rapidamente. Eu ainda estava preso no sonho. O que me pareceu singular não foi a barganha, e sim a sensação que tive quando o anjo da morte veio até mim pela segunda vez e o céu mudou. Foi diferente de tudo que já sentira na vida real. Foi uma sensação de sonho que não consigo descrever. Conseguia me lembrar da sensação (que desapareceu ao longo do dia), mas até hoje não consigo colocá-la em palavras ou compará-la a qualquer outra coisa que já senti. O que mais me comoveu foi quando o céu mudou de repente, escurecendo abruptamente e clareando de novo. Era como se algo importante estivesse para acontecer no mundo — e então, eu soube que era só comigo. Não houve mudança no mundo, só em meu próprio destino. Quando o anjo apareceu na minha frente pela última vez, fiquei assustado, mas também numa espécie de êxtase. *A morte não é o fim,* pensei — mas não com tantas palavras. Sentia-me intensamente curioso e profundamente desapontado quando acordei de repente por conta própria — talvez com medo da flecha que se aproximava — e vi que nunca saberia o que poderia ter acontecido, mesmo se tratando apenas de um sonho. A flechada doeria? Eu sobreviveria para viver por mais vinte ou trinta anos?

Não é insignificante que eu tenha sonhado isso enquanto escrevia um livro sobre a morte e, particularmente, o fim iminente de nosso amado cão Benjy, que agora mora com Ilan em Berlim e está perto de seu décimo quarto aniversário. Adoraria barganhar com o anjo da morte por Benjy — e aproveitando, por que não fazer isso por mim também, quando começo a ver os contornos dos 80 anos à minha frente? O que poderia ser mais humano que desejar mais vida quando a nossa está chegando ao fim? Este também é um desejo universal que se aplica não apenas a nós mesmos, como aos animais que fazem parte de nossa vida. Gostaríamos que eles vivessem mais, tanto quanto nós.

Não podemos olhar nos olhos de todas as outras espécies animais do planeta (pense em insetos e répteis) e nos ver refletidos, nem temos como saber o que está acontecendo no âmago de cada animal cujos olhos encontramos. Obviamente, não estou dizendo que os animais cujos olhos não nos dizem nada também não sintam — simplesmente não estamos sintonizados com eles, e sim com outros, principalmente cães e gatos. Mas também existem animais selvagens cujos olhos revelam um sentimento profundo que conseguimos ler facilmente.

O medo de antropomorfizar (ou seja, atribuir aos animais pensamentos e sentimentos que pertencem estritamente aos humanos) foi substituído pelo que alguns cientistas estão chamando de antroponegação, ou seja, a recusa muito comum de reconhecer nossa semelhança com outros animais, especialmente quando se trata de sentimentos e emoções. Pode muito bem ser, como descreverei mais tarde neste livro, que alguns animais realmente sintam algumas emoções mais profundamente que nós (amor em cães, contentamento em gatos, luto em elefantes), mas esse é um campo de pesquisa ainda não suficientemente explorado.

Em nenhum outro momento existe maior compreensão entre as criaturas vivas que na hora da morte. De repente, entendemos algo e parece que eles também fazem o mesmo. O que é esse algo é difícil de expressar em palavras. É conhecido, sentido, reconhecido, compreendido, mas não se presta facilmente à descrição ou mesmo à explicação. Qualquer pessoa que tenha presenciado a morte de seu cachorro sabe do que estou falando. Surpreendentemente, isso também pode acontecer com uma espécie muito mais "alienígena" — neste caso, estou pensando em uma baleia. Andreas Illmer publicou um artigo na *BBC News* sobre uma blogueira de viagens dos Estados Unidos, Liz Carlson, que, enquanto caminhava com um amigo, encontrou 145 baleias encalhadas morrendo em uma praia remota da Nova Zelândia.*

---

* Illmer, Andreas. "'Nunca esquecerei o choro delas': o relato da jovem que encontrou 145 baleias encalhadas em praia da Nova Zelândia". *BBC News*, BBC, 30 de novembro de 2018. Disponível em: <https://www.bbc.com/portuguese/internacional-46394116>.

"Foi um desses momentos de cair o queixo", disse ela à BBC. "Chegamos à praia ao entardecer e avistamos algo na parte rasa. Quando percebemos que eram baleias, largamos tudo e corremos para a água."

Liz já havia visto baleias na natureza, disse ela, mas "nada pode nos preparar para isso; foi simplesmente horrível. O sentimento de inutilidade foi o pior. Elas estavam gritando entre si, conversando e estalando a língua, e não havia como ajudá-las".

O amigo dela, Julian Ripoll, saiu em busca de ajuda.

Liz ficou sozinha, desesperada. "Nunca vou esquecer o choro delas, como me olhavam enquanto ficava sentada com elas na água, como tentavam desesperadamente nadar; mas o peso as fazia afundar mais na areia", escreveu ela no Instagram.

"Meu coração se partiu em mil pedaços."

Assim como o nosso, dos leitores. O que mais me impressiona é que as baleias procuravam a ajuda dela, assim como nossos cães fazem no momento da morte. "Não há nada que você possa fazer?", é a mensagem que recebo, assim como Liz, e é por isso que ela disse que seu coração se partiu. Porque a única resposta é não; não há nada que eu possa fazer além de testemunhar o fim deles.

Este livro fala sobre como testemunhar o fim deles. Somos, talvez, os anjos da morte? Infelizmente, não temos poder de barganhar em nome de nossos entes queridos. Mas não estamos desamparados; podemos fazer mais que simplesmente testemunhar a morte de nossos amados animais. Podemos ajudá-los em seus últimos momentos, e essa ajuda faz uma enorme diferença para eles (e, provavelmente, para nós também). Neste livro, analisarei como isso acontece e o que eu e outras pessoas achamos que podemos fazer de mais útil por nossos animais quando eles se aproximam do fim. Saber que estamos "presentes" faz uma enorme diferença para eles. Isso é o mínimo que lhes devemos. É de partir o coração, mas todos com quem falei e que estiveram presentes e juntos no fim estão contentes, por si mesmos e por seus amados companheiros.

Introdução

Ficar de luto por um animal é o que nos torna animais humanos

A coisa mais difícil de suportar quando esses amigos silentes nos deixam é que eles levam consigo muitos anos de nossa própria vida.

John Galsworthy

É uma sensação estranha e desnorteadora ter amado um cachorro, um gato ou outro animal por tanto tempo e, de repente, perceber que o fim se aproxima. É um sentimento muito complexo com o qual lidamos: o conhecimento de que um período da nossa existência chegou ao fim, que o animal que tanto amamos e que tem sido uma parte tão importante de nossa vida cotidiana está prestes a nos deixar; que, em breve, tudo que nos restará serão lembranças, que somos impotentes para evitar o que sempre nos parece uma morte prematura. É diferente da morte iminente de um companheiro humano: podemos falar com ele, recordar e discutir o que está acontecendo. Mas quando um cachorro sente que o fim se aproxima — e tenho certeza de que sentem —, eles nos olham de um jeito diferente. Não conseguimos entender inteiramente o que eles estão pedindo, mas, mesmo assim, isso parte nosso coração.

Recentemente, comecei a refletir sobre a possível morte de Benjy. Ele é um labrador amarelo de 13 anos. Morou comigo, com minha esposa, Leila, e nossos dois filhos, Ilan e Manu, por 11 anos. Sua expectativa de vida é entre dez e 12 anos, de modo que está chegando a hora em que ele morrerá. Acho essa ideia insuportável. Suponha que as coisas fiquem tão ruins que eu precise chamar o veterinário e pedir que ele lhe dê uma injeção enquanto seguro Benjy nos braços, e eu tenha que assistir enquanto a vida o deixa. Em minha cabeça, eu o vejo me lançar um olhar de profunda incompreensão e depois me lamber. Por que imagino isso acontecendo exatamente assim? Porque já ouvi isso de muitas pessoas, amigos, estranhos e leitores de meus livros sobre a vida emocional dos animais. Nada nos mostra a profundidade de nossas relações com cães e gatos e outros animais que compartilham nossa vida como a morte deles. A vida deles é muito mais curta que a dos humanos. Sabemos que a morte vai chegar, e não importa quanto nos preparemos para o inevitável, ela chega como um choque. Estou tentando entender por que isso acontece. Talvez porque esses animais nos procuram em busca de ajuda e, quando estão morrendo, querem que impeçamos que isso aconteça. E isso é exatamente o que queremos fazer, mas não podemos. Nos sentimos subitamente desamparados e somos confrontados com a mortalidade em geral e, em particular, a desses animais que se tornaram nossa família — de certa forma, até mais que isso: talvez parte de nós mesmos.

Sempre que comentava com amigos que estava pensando em escrever um livro sobre esse assunto, todos tinham uma história para contar. Meu amigo optometrista em Auckland, Grant Watters, disse: "Não consigo pensar em nada pior que a morte de meu cachorro." Como ele apontou, o QI deles pode não ser o mais alto, mas o QE, a inteligência emocional, chega à estratosfera! Concordo completamente.

Neste livro, quero explorar esses temas refletindo sobre a morte de animais de estimação, usando como fontes as muitas cartas que recebo, conversas com amigos que perderam seus animais e com veterinários que realizaram eutanásia nos bichinhos para seus companheiros humanos — para evitar o termo politicamente incorreto "donos". Meu foco principal será em cães e gatos, mas irei mais longe e falarei de outros animais com quem compartilhamos nossa vida. Chego a sugerir que houve uma mudança ao longo das décadas: antes, tínhamos que superar a perda depressa. Hoje, o luto por um animal perdido é considerado saudável e apropriado; examinarei mais de perto a psicologia da perda.

Argumenta-se que cães e gatos não têm noção da morte. Não sei se isso é verdade. É lógico que podemos dizer que é apenas conjectura, mas muitos relatos que ouvi e li indicam que o cão ou o gato (possivelmente menos que os cães) olha para o ser humano de uma maneira única no momento da morte, como se reconhecesse que é o adeus final e estivesse ciente da profundidade da ocasião. *Não é* como se despedir para ir trabalhar, e acredito que o cão percebe isso. Talvez a morte seja tão relevante para eles quanto para nós. Para mim, isso significa que nossas relações com outros animais são muito mais profundas do que normalmente estamos dispostos a reconhecer. O vínculo emocional é nada menos que o que se forma entre pai e filho. Não esperamos perder um filho e, quando o animal morre, a sensação é semelhante.

Tenho pensado no assunto deste livro por quase toda minha vida, assim como muitas pessoas — e pelo mesmo motivo. Perda. Tive uma amada cocker spaniel durante muitos anos, no tempo em que eu era bem novo. Quando eu tinha 10 anos, encontramos Taffy morta no quintal, muito antes da hora de ela falecer. Meus pais me disseram que ela havia sido envenenada por um vizinho malvado que não gostava de ouvir nossa cachorra latir ou vê-la correr no quintal.

Fiquei fora de mim, como tenho certeza de que qualquer criança fica quando seu "melhor amigo" morre de repente. Ainda me lembro do momento em que vi o cadáver de Taffy e de como fiquei perplexo e, de repente, comecei a chorar ao perceber que ela não sairia dali comigo naquele dia nem em qualquer outro. Às vezes, para uma criança, a morte é difícil de entender, mas entendi perfeitamente que algo havia deixado minha vida e não voltaria. Ninguém pôde me consolar. Sentia uma dor no coração, e acho que teria sido melhor se alguém próximo a mim simplesmente dissesse que entendia. Mas ouvi coisas que eu sabia que eram mentiras: que Taffy estava me esperando em algum lugar no vasto além e que nos reencontraríamos. E também que ela não havia sofrido, sendo que eu pude ver sua língua roxa saindo da boca, e para mim, parecia que ela tinha morrido em agonia — tenho certeza de que é isso que acontece quando um cachorro é envenenado. Levei muito tempo para superar essa primeira morte e, mesmo agora, aos 79 anos, ainda me lembro dos sentimentos que experienciei e da sensação de perda que nunca me abandonou por completo.

A dor que sentimos quando um animal de estimação morre é um tema popular? Certamente sim. Há pouco tempo, foi publicada uma coluna no jornal *The New York Times* da autora Jennifer Weiner, "O que o presidente não entende sobre os cães", na qual ela escreveu que quando seu cachorro Wendell morreu, "parecia que o mundo havia sido arrancado de sua órbita". A atitude "nós" *versus* "eles", à qual estamos acostumados a ouvir sobre nossa relação com os animais, está começando a perder força. Vemos isso inclusive na cultura popular, como demonstra o filme *A forma da água*. No longa, o "monstro" do rio é capaz de um amor muito mais profundo que a intenção do cientista de destruí-lo.

Quanto mais conhecemos um animal pessoalmente, mais provavelmente atribuímos a ele complexidade emocional e cognitiva. Qualquer não vegetariano (abordo esse tópico mais diretamente no Capítulo 12) é colocado imediatamente fora de sua zona de conforto ao olhar nos olhos de um porco ou de uma vaca.

É muito parecido com encarar nosso vizinho. Para chegar a esse ponto, não é preciso fazer muita pesquisa; basta olhar. Pode ser misterioso, mas não é um mistério: esses seres vivos são tão complexos quanto nós, especialmente quando entramos no reino dos sentimentos.

Lembro-me de como as pessoas se indignaram quando o general William Westmoreland disse no documentário vencedor do Oscar de 1974 sobre o Vietnã, *Corações e mentes*: "O oriental não dá o mesmo valor à vida que um ocidental. A vida é abundante, é barata no Oriente." Ele acreditava nisso ou era só conveniente? Afinal, se você é responsável pela morte de cerca de três milhões de pessoas, deve ajudar sua consciência pensar que elas não se importaram de morrer. Muita coisa mudou desde os anos 1970 em relação ao nosso convívio com outras etnias e também com animais. A batalha pelo reconhecimento de cães e outros animais como sencientes e, portanto, totalmente capazes de sofrer tanto ou mais que os animais humanos, pode não ter sido completamente vencida, mas os cientistas agora estão muito mais inclinados a acreditar na senciência de animais que conhecemos (mas não naqueles que não conhecemos!). Além disso, sabemos também que essa batalha não é totalmente alheia à luta pelo reconhecimento da igualdade entre etnias. O que levaria alguém a pensar que uma raça ou uma etnia é superior?

E assim, se concedemos dignidade a esses animais em vida, devemos obviamente fazer o mesmo na morte. O fim de qualquer animal é uma ocasião solene. Duvido que algum leitor tenha conseguido evitar a tristeza de dizer adeus a um animal que amava.

Tenho muitas dessas lembranças. Uma em particular guardo até hoje. Quando fazia pós-graduação na Índia, há muitos anos, vivi um estranho incidente com um cachorro. A mãe dele foi atropelada por um carro em frente à minha casa, e quando ouvi o barulho, corri. Encontrei-a morta e um filhotinho de apenas algumas semanas de vida chorando em desespero. Não sabia que tipo de cachorro era, talvez apenas o que os indianos chamam de *village dog*. Ele parecia uma espécie de terrier, bem pequeno, de pelo branco e orelhas com pontas pretas. Levei-o para casa e, então, Puppy e eu (como eu o chamava) desenvolvemos um estranho relacionamento. Como era de se esperar, tornei-me mãe dele; na verdade, eu era tudo dele, e ele nunca saía do meu lado.

Porém, ele não era um cachorro saudável. Eu fazia doutorado em sânscrito e, à medida que se aproximava a hora de voltar para Harvard, mais preocupado eu ficava com o que aconteceria com Puppy. Não havia como levá-lo para Cambridge, isso era certeza. Por fim, encontrei uma família que concordou em adotá-lo. Eles moravam no campo, longe da universidade.

Tive o privilégio de trabalhar com um dos maiores estudiosos tradicionais da Índia, o pândita Srinivasa Sastri. Ele era um especialista em sânscrito, mas não falava inglês. Portanto, nos comunicávamos em sânscrito clássico — para grande diversão ou, às vezes, surpresa dos espectadores. Ele era muito ortodoxo e sua religião o proibia de ensinar a um estrangeiro os aspectos mais delicados do idioma sagrado. No entanto, gostávamos muito um do outro, e ele concordou em me ensinar, com a condição de que eu fosse à sua sala na universidade antes das 6h, quando ninguém me veria. Como eu acordava cedo, o arranjo serviu-me bem.

Mas ele não me deixava levar Puppy, pois compartilhava alguns dos preconceitos que muitos hindus ortodoxos tinham (ou têm?) contra os cães: são considerados impuros e nunca devem ser tocados. Chegou o dia em que tive que abrir mão de Puppy. Com grande tristeza, observei-o indo embora com os olhos fixos em mim da parte de trás do carro, em descrença e evidente agonia. Ele nunca havia se separado de mim desse jeito.

Na manhã seguinte, fui visitar meu pândita na hora combinada. Estava triste e expliquei por quê. Notei que ele não foi lá muito compreensivo. *Kukurrasneha,* disse ele, amor por um cachorro, não era celebrado nos textos sagrados, exceto, como aprendi mais tarde, em uma história maravilhosa do grande épico indiano *Mahabharata,* que relatarei mais tarde neste livro. Depois de cerca de meia hora, ouvimos um barulho na porta. Entreolhamo-nos sem poder acreditar. Quem poderia estar ali naquela hora ímpia? E o que queria conosco? Meu pândita teria sido pego dando aulas a um estudante ilícito? Abri a porta, mas não havia uma pessoa ali, e sim Puppy, que correu para dentro muito animado! Ele deixou claro que estava muito feliz por ter me encontrado. Srinivasa, entretanto, não. Ele gritou e pulou para cima da mesa para não se contaminar com o toque de Puppy, que parecia decidido, em sua alegria, a lamber tudo à sua frente. Mas então Srinivasa deve ter percebido, de repente, que aquele cachorrinho havia, de alguma forma, encontrado o caminho até uma universidade vazia apenas um dia depois de ter sido levado para quilômetros de distância. Soubemos depois que um cachorrinho havia sido visto entrando no ônibus e descendo na parada da universidade. A atitude de Srinivasa mudou completamente; conhecido por sua eloquência e habilidade com rimas extemporâneas, ele olhou com compaixão para Puppy e criou um verso em sânscrito que dizia que havíamos estado juntos em uma vida anterior e o carma insistia que ficássemos juntos nesta também.

Fiquei tão pasmo com o estranho encontro que não sabia o que pensar. Não conseguia nem imaginar como Puppy havia me encontrado. Eu o levei para casa, ouvindo Srinivasa dizer com bastante severidade que eu nunca deveria abandoná-lo de novo, mesmo que isso significasse permanecer o resto de minha vida (de Puppy?) na Índia. Eu estava inclinado a concordar com sua advertência, mas era um dilema. Naquela noite, falei sobre isso com meu melhor amigo, Robert Goldman, também estudante de pós-graduação em sânscrito e amante de cães como eu. Enquanto estávamos sentados lá no ocaso silencioso de uma noite quente de verão em Poona, Puppy olhava para mim com amor, deitado em meu colo. Ele estava nitidamente aliviado por ter me encontrado. Posso imaginar como ele sofreu, talvez temendo que eu o houvesse abandonado. De repente, ele soltou um grande suspiro, todo seu corpinho tremeu com o esforço e ele fixou seu olhar em mim com amor — disso não pode haver a menor dúvida. Fiquei profundamente comovido. Então, com os olhos ainda fixos em mim, mas um olhar estranho, ele de repente ficou imóvel. Estava morto.

Não foi minha primeira experiência com a morte de um cão amado, mas foi a que me fez pensar na morte de todos os animais dos quais nos tornamos próximos. Quero entender a dor que sentimos nessas circunstâncias e explorar mais a fundo esse vínculo misterioso que compartilhamos com os animais que entram em nossa vida e se tornam, sem sombra de dúvida, nossa família.

Tenho certeza de que todos os leitores, ou a maioria deles, concordarão comigo que os cães são família. Mesmo assim, amigos que perderam filhos *e* cachorros me escreveram para expressar a profunda diferença. Sim, eles reconhecem que perder um cachorro amado é uma experiência terrível, que não pode ser desprezada e que é capaz de causar um sério impacto. Mas dizem que *não é* como perder um filho. Não posso contestar isso, porque nunca perdi um filho e sei que seria difícil inclusive sobreviver, caso isso acontecesse. O que eles dizem parece certo, mas, por outro lado, não sei por que alguém precisa comparar sofrimentos. O importante é enfatizar, especialmente para qualquer pessoa "de fora" — ou seja, para quem nunca perdeu nenhum dos dois —, que é uma experiência completamente avassaladora. Pode levar a uma profunda paralisia do querer: como podemos continuar vivendo depois de algo tão monumental como isso acontecer? É como uma lágrima na película que nos envolve na realidade cotidiana. De repente, nós nos deparamos com o vazio. Entendo porque pessoas entram em depressão profunda depois de uma perda dessas.

No entanto, embora todos entendam a dor de uma perda humana, nem todos atribuem o mesmo significado à dor que muitas pessoas sentem quando seu animal de estimação morre. Pode ser devastador e precisamos reconhecer isso. Certamente, nem preciso dizer que perder um filho é uma das coisas mais terríveis que podem acontecer. Mas, no caso de cães e outros animais, isso ainda não é evidente, exceto para as pessoas diretamente envolvidas. E mesmo elas, como me dizem algumas, sentem-se meio constrangidas com a dor quase incontrolável que as domina quando isso acontece.

Tentar entender a profundidade do desespero que pode nos engolfar leva ao reconhecimento de que nosso vínculo com os animais não é somente útil ou emocional como algo completamente diferente, e que, há séculos, relutamos em reconhecer. Estranhamente, essa relutância é acompanhada pela resistência em considerar que os animais sofrem uns pelos outros e, como deixarei explícito agora, por nós também. É verdade que sabemos muito menos sobre isso que sobre nossa própria dor, mas o paralelo é óbvio: assim como sofremos por eles, eles também sofrem por nós. Agora não há dúvidas de que, além dos humanos, muitos outros animais também sofrem, alguns deles quase certamente com tanta intensidade quanto nós (estou pensando nos elefantes). Tenho certeza de que nunca houve um momento em nossa história evolutiva em que não tenhamos sofrido por aqueles que amamos, e acredito que o mesmo se aplica a muitos animais selvagens. O luto é conhecido na natureza, tanto quanto entre os humanos durante toda nossa história evolutiva.

1

Você e seu cachorro são um só?

Cães e humanos têm uma relação muito especial, na qual os cães sequestram para si a via do vínculo que é a oxitocina humana, normalmente reservada a nossos bebês.

Brian Hare

Moramos à beira de uma praia em Bondi, Sydney. Minha esposa, Leila, e eu caminhamos na praia todas as manhãs e todas as noites. Sempre fico impressionado com a quantidade de cães com ou sem coleira andando na grama à beira da praia, já que eles não têm permissão para correr na areia. De vez em quando, tenho a sensação de que estou assistindo a um filme sobre uma raça alienígena, e as pessoas desse planeta têm animais, assim como nós, e esses animais estão na coleira, assim como os nossos. *Uau! Eles andam com uma criatura estranha ao lado, que os olha com afeição — às vezes até com adoração — e está sob o controle deles. Mas o animal, seja de qual tipo for, parece não se importar. Que estranho!,* eu penso. E então, percebo que essa é exatamente nossa situação. Temos um animal "selvagem" que é completamente obcecado por nós e que ainda é estranho. Não podemos entrar na mente de um cachorro (para que vocês, amantes de gatos, não comecem a reclamar logo no início do livro, vou explicar: de modo geral, não levamos nossos gatos para passear na coleira. Eles não gostariam, e nós também não. O motivo disso talvez seja explorado um pouco mais adiante neste livro). É evidente, porém, que esse animal na ponta da guia está se divertindo. Ele está exatamente onde quer estar: conosco. E é igualmente evidente que nós também apreciamos o momento; também estamos onde queremos estar. Agora, quando Leila e eu caminhamos pela areia dourada e clara até o fim da praia de Bondi, vejo uma cena muito semelhante, mas dessa vez sem cães. Ela envolve crianças pequenas brincando na areia, construindo castelos, fazendo pequenas piscinas com as ondas que vão subindo, rindo e se divertindo imensamente, assim como os cachorros. E seus pais têm o mesmo prazer, assim como com os cães. E assim, sou levado a pensar que cães e crianças têm muito em comum; algumas são tão novas que não podemos, de fato, entrar na cabeça delas. Não sabemos o que estão pensando além de que são felizes e vivem o momento. Assim como os cachorros. Assim como nós quando estamos na presença de crianças pequenas e cães.

É óbvio que isso não é surpreendente, porque é uma experiência cotidiana que vocês, meus leitores, também notaram. No entanto, *é sim* surpreendente, porque a probabilidade de outra espécie desfrutar tanto de nossa companhia não é algo que poderíamos ter previsto, pois o que vejo quando olho para os cães é felicidade genuína. Não pode haver dúvida disso. Talvez dez anos atrás, os cientistas teriam me repreendido: "Você está projetando seus sentimentos sobre os do cão. Na verdade, você não pode saber que emoções o cão está sentindo." É lógico que alguém poderia argumentar — e isso é popular agora — que as emoções são objetivas, ou seja, podem ser medidas e testemunhadas por outros, ao passo que os sentimentos são internos e só podem ser conhecidos pela pessoa que os possui. Portanto, segundo essa visão, podemos saber que um animal tem emoções, mas não como ele "se sente" em relação a elas. Acho essa visão um tanto artificial. Acredito que quase todos, inclusive esses mesmos cientistas, agora reconhecem com alegria que, sim, é lógico, o cachorro está se sentindo feliz. É a mesma felicidade que o humano ao lado dele sente? Bem, nunca saberemos ao certo, pelo menos de maneira que satisfizesse completamente um filósofo exigente. Mas podemos ter certeza (eu tenho) de que o cachorro está sentindo algo muito semelhante à nossa ideia de felicidade. Na verdade, estou disposto a ir mais longe e afirmar que o cão está sentindo algo *melhor*, *superior* à nossa felicidade, porque parece não sentir mais nada a não ser *pura* felicidade — pelo menos é o que me parece. Vou ainda mais longe: acho que é assim para *muitas* pessoas, e isso explicaria por que ficamos tão ansiosos para passar o tempo com cães. Eles nos levam a experimentar sentimentos mais puros do que teríamos sem eles.

Leila é pediatra, e tenho o prazer de vê-la trabalhar em nossa casa em Bondi. As mães a procuram com filhos pequenos, desde recém-nascidos até crianças no fim da adolescência. Sim, os pais também aparecem, mas as mães são maioria, e, para simplificar, falarei delas. De modo geral, e mesmo diante de doenças frequentemente muito complicadas que as afligem, essas mães se deliciam com seus filhos. Elas os observam com sorrisos, falam das travessuras deles com prazer... Em resumo, estão apaixonadas. Uma das razões desse amor é que os filhos são "outros". É impossível não perceber isso: eles representam um tempo de nosso passado ao qual não temos mais acesso. Ninguém se lembra de sua primeira infância, mas nos deliciamos com essa alteridade. Gostamos de ver crianças brincando, sem consciência de todos os problemas do mundo. Absortas em si mesmas ou nos mundinhos que criam ou habitam, elas representam uma espécie de inocência que nós, adultos, podemos não recordar, mas ainda ansiamos por ela.

O mesmo é verdade para cães (e outros animais, como veremos em breve). Sim, nós lhes atribuímos sentimentos notavelmente semelhantes aos nossos. E mesmo quando não são mais filhotes, eles parecem ter acesso mais imediato a um mundo de felicidade sensorial que nos foge. Consequentemente, algumas pessoas não suportam ficar sem um cachorro. Eles são como um lembrete, ou talvez como um espelho de nosso próprio passado evolutivo. Certamente, quando éramos caçadores-coletores, parecíamos mais com os cães do que hoje. Vivíamos em pequenos grupos, o tempo todo juntos, quase sempre em harmonia, sem saber nada sobre guerras ou outros males que nos atormentam hoje. Talvez a vida fosse mais curta que agora, mas provavelmente era mais saudável e fácil — mais parecida como a vida dos cachorros.

Voltando às minhas caminhadas matinais e noturnas nas quais observo a felicidade dos cachorros, ainda me surpreende que essa ocorrência cotidiana não seja mais vista como o milagre que certamente é: uma criatura inteiramente estranha, cuja mente não podemos penetrar, passa seu tempo conosco e adora isso. É como algo saído de *Star Wars,* mas acontecendo aqui em tempo real. É adorável!

Sempre me pergunto o que as pessoas mais gostariam de saber caso fizéssemos contato com uma civilização distante. Suponho que depende do indivíduo: os linguistas gostariam de saber como se comunicam; os políticos, como governam; os músicos, que instrumentos tocam; e os especialistas em TI, quão sofisticados são seus computadores ou se estão além da nossa compreensão. Devo confessar que eu ficaria muito curioso para saber, logo depois de descobrir se eles já eliminaram as guerras e a violência, que *outras* criaturas vivem com eles. Os alienígenas têm o equivalente a cães e gatos ou considerariam isso uma imposição na vida de outros animais, como algumas pessoas aqui na Terra estão começando a acreditar? E vivem em harmonia com outras criaturas a ponto, por exemplo, de nunca pensarem em comê-las? Esse é meu bicho-papão como vegano, confesso. Certamente eu não estaria sozinho nessa curiosidade sobre outras criaturas que viveriam com alienígenas.

Provavelmente todas as pessoas que vivem com cães ou gatos também gostariam de saber. Hoje, como espécie, somos obcecados por animais de estimação, e essa obsessão está crescendo.

Certamente, sempre existiram pessoas que amam cães, algumas mais que outras. Mas me parece que estamos vivendo uma época muito interessante em relação a isso. Lembro-me de quando escrevi meu livro *Dogs Never Lie About Love* [*Cães jamais mentem sobre o amor*, em tradução livre], há mais de vinte anos; embora fosse imensamente popular entre o público em geral, era decididamente menos apreciado pelos acadêmicos, incluindo zoólogos, cientistas do comportamento animal e até veterinários, que, de certa forma, rejeitaram minhas explorações acerca das emoções dos cães, dizendo serem completamente amadoras e prematuras. Mas hoje, praticamente não existe uma universidade nos Estados Unidos ou na Europa que não tenha um *laboratório de cognição canina*. Embora esse seja o termo que eles usam, porque (acho eu) parece mais científico, eles estão investigando muito mais que somente as habilidades intelectuais dos cães. É verdade que os cientistas sempre estiveram preocupados (nem sempre de maneira honrosa) com quão inteligentes os "outros" são — se criaturas diversas ou mesmo outras raças, gêneros e classes são diferentes deles. Mas, até agora, jamais tantos cientistas, mais ou menos obstinados, estiveram dispostos a conceder complexidade emocional a outros animais além do humano. Vejamos a popularidade de livros recentes como *The Soul of an Octopus* [*A alma de um polvo*, em tradução livre], de Sy Montgomery (bem como seu livro *Meu querido Christopher*); *F de falcão*, de Helen Macdonald; *What a Fish Knows* [*O que um peixe sabe*, em tradução livre], de Jonathan Balcombe; e *O último abraço da matriarca*, de Frans de Waal. Avançamos tanto nesse caminho que o livro de Peter Wohlleben, *A vida secreta das árvores*, sobre as emoções e estruturas sociais das plantas, tornou-se um best-seller internacional de proporções fenomenais. Ele também escreveu um livro subsequente sobre animais e, embora eu tenha escrito o prefácio para a edição norte-americana desse livro, devo admitir que ele não provoca o mesmo nível de espanto que o das árvores; uma espécie de epifania intelectual que sentimos quando subitamente percebemos que existe algo profundo que jamais havíamos considerado antes — sem dúvida porque agora estamos mais acostumados a ouvir falar sobre a complexidade emocional de outros animais.

Então, a que devemos atribuir essa nova disposição de admitir que os humanos não são o início e o fim de toda a criação? Bem, essa talvez seja uma pergunta muito geral, mas, em um nível um pouco mais abaixo, podemos simplesmente perguntar por que cães? E por que agora?

Acho que a resposta é bem simples. Nos últimos anos (talvez dez, no máximo), nossa consciência de quanta coevolução houve entre as duas espécies, humanos e cães, avançou enormemente. Até bem recentemente, o consenso científico era de que os cães teriam sido os primeiros animais a ser domesticados, mas apenas há cerca de dez mil a 15 mil anos, mais ou menos na mesma época em que a agricultura nasceu. Cientistas sérios envolvidos nessas pesquisas empurraram esse marco para trás, de modo que agora se acredita que os cães foram domesticados há cerca de 25 mil anos. Alguns pesquisadores vão ainda mais longe e sugerem que as espécies caminham juntas há mais tempo ainda: quase 35 mil anos — mais um pouco e chegaremos a 50 mil, que é a data geralmente aceita para o início de nossa espécie moderna, ou seja, o *homo sapiens sapiens* — um *sapiens* só teria sido mais que suficiente. Isso significaria que não muito depois de nos tornarmos quem somos, nós nos associamos aos cães. Portanto, embora também tenhamos aprendido a amá-los, não seria nenhuma surpresa pensar que nós e os cães *coevoluímos* (gosto de acreditar que inventei esse termo, só porque ele muito me agrada e representa tão bem o que acredito; tenho certeza, porém, de que não estou nem perto de ser o primeiro a usá-lo*). Afinal, se nossos filhos nos amam (pelo menos, na maioria das vezes), certamente um dos motivos é que dependem de nós. Com os cães isso vai mais além, porque a dependência é mútua. Não dependemos de crianças, mas quando éramos uma espécie jovem, pode ser que tenhamos dependido de cães: eles vigiavam (como o fazem ainda hoje) o local onde dormíamos e, muitas vezes, até deram a vida para nos proteger. O que receberam em troca? Não tanto quanto nos deram, eu diria, porque um cachorro, assim como um lobo em uma encarnação anterior, era perfeitamente capaz de obter sua própria comida, de se aquecer, de procriar e ter amigos e uma sociedade na qual a família se sentia segura. Nós não demos isso a eles, e sim outra coisa: nosso afeto. Por que eles queriam tanto isso? Não sei se tenho a resposta, porque os cães são tão afetuosos entre si quanto conosco. Isso é diferente nos gatos, pois alguns preferem nossa companhia à de outros de sua espécie. Raro é o cão que não quer estar com outros cães e que não gosta de correr e brincar com eles. Na verdade, sejamos modestos: nunca seremos tão bons companheiros para um cão quanto outro cão. Lembro-me de ocasiões em que meu cachorro me olhava com certa condescendência enquanto eu o perseguia, obviamente ciente de que eu não era páreo para seus companheiros caninos. Mas ele era gentil.

Tenho uma hipótese um tanto maluca: será que, assim como gostamos de nos ver como amigos de uma espécie estranha, os cães também pensam assim? Não podíamos fazer o mesmo que os cães, mas éramos "outros", e talvez eles achassem isso intrigante, assim como nós.

---

* Darwin falou sobre o conceito de coevolução entre flores e insetos, e Paul Ehrlich usou pela primeira vez o termo em 1964, mas não a respeito de cães. A revista *Nature Communications*, de 14 de maio de 2013, menciona que uma equipe encontrou coevolução em vários processos cerebrais — por exemplo, em genes que afetam o processamento da serotonina do cérebro.

Mas ainda há enigmas a resolver. Os cães não nos amam ou querem estar conosco só quando somos gentis e afetuosos com eles. É um paradoxo bem conhecido que um cão ama inclusive o "dono" — sem dúvida é assim que alguns humanos se veem — que bate, fere ou abusa. Mais à frente, no capítulo em que falo sobre me tornar vegano, tento entender como algumas sociedades ainda comem cachorros (os caçadores-coletores do passado quase certamente o faziam, se não de forma rotineira, pelo menos quando se mostrasse necessário), sendo que esses animais parecem uma parte importante de nossa sociedade; não só aqui, mas no Vietnã, na Coreia do Sul, na China e qualquer outro país onde alguns cães são companheiros e outros estão no cardápio. No momento, não estou interessado em descobrir como os humanos podem tratar os cachorros dessa maneira (provavelmente porque não tenho a resposta), e sim em fazer uma pergunta muito mais difícil: como os cães respondem? Eles não parecem resistir; não tentam fugir para a selva e voltar a ser lobos ou, pelo menos, se juntar a uma matilha de cães selvagens. Eles parecem aceitar humildemente seu destino; só que não sabemos o que se passa na cabeça de um cachorro esperando para ser abatido. Não é um lugar aonde queremos ir. Certamente eu não gostaria. Mas vale a pena analisar se os cães foram condicionados a confiar em nós tão completamente que não conseguem, até o último momento, acreditar que os traímos.

Mas mesmo em países onde comer cães é uma tradição secular, uma grande mudança está ocorrendo. China, Vietnã e Coreia do Sul têm grupos cada vez mais numerosos que defendem os direitos dos animais e fazem campanhas contra o abate e o consumo de cães. Esses mesmos países bem recentemente mudaram sua maneira de encarar esses animais, e não é raro ver, mesmo em pequenas aldeias, cães tratados como companheiros, inclusive como membros da família.

Acredito que chegamos a um ponto crítico quando se trata de cães, e não voltaremos aos dias em que eram considerados apenas uma posse sem interesses próprios. Acho isso uma coisa maravilhosa.

Ao tentar entender como isso aconteceu, me deparei com um fascinante relato sobre os lobos e os Beothuks, um povo pescador indígena da província canadense de Terra Nova e Labrador, que, ao que parece, não "tinha" cães. Pelo contrário, eles estavam familiarizados com os lobos, e de uma maneira que diz algo profundo sobre cães, lobos, amizade, humanos e violência. Vejamos o seguinte relato surpreendente feito por um capitão da Marinha britânica do século XVII, sir Richard Whitbourne. Ele havia comandado um dos navios de guerra da força naval que lutou contra a "invencível" Armada Espanhola, os 130 navios que zarparam de Lisboa, em Portugal, para invadir a Inglaterra. A Armada foi derrotada em 1588 por sir Francis Drake naquela que é considerada uma das maiores batalhas navais da história. Convidado pelo filantropo e dono de terras William Vaughan para governar "sua" colônia em Renews-Cappahayden, em Terra Nova e Labrador, Whitbourne o fez de 1618 a 1620. A província canadense era então habitada por caçadores-coletores conhecidos como Beothuks. Na época do contato inicial com os europeus, no século XVII, talvez não houvesse mais de quinhentos a setecentos deles. Viviam em grupos familiares independentes, autossuficientes e extensos, de trinta a 55 indivíduos. Eles eram, assim como os Moriori (que foram conquistados pelos guerreiros maori) da Nova Zelândia, uma comunidade quase completamente pacífica. Ao contrário de muitos indígenas, se recusavam a aceitar armas quando lhes eram oferecidas no comércio. E assim, durante séculos, foram caçados por diversão. Em 1829, foram oficialmente declarados como extintos.

Em 1620, Whitbourne publicou um livro, *A Discourse and Discovery of New-found-land* [*Discussão e descoberta de Terra Nova e Labrador*, em tradução livre] a fim de promover a colonização da ilha. Supunha-se que os Beothuks tinham cães, mas, na verdade, esses animais eram lobos amigáveis: sem dúvida, graças à sua atitude para com esses animais, eles conseguiram estabelecer um tipo de relacionamento que viria a se tornar o protocolo para transformar lobos em cães.

Aqui está o relato de Whitbourne sobre a relação entre os Beothuks e os lobos de Terra Nova e Labrador:

> É bem sabido que são um povo muito *engenhoso* [sic] e sutil (como muitas vezes apareceu em várias coisas), de modo que, da mesma forma, são tratáveis, como ficou bem provado quando foram tratados delicada e politicamente. Também são um povo que buscará vingança por qualquer mal feito a eles, ou a seus lobos, como frequentemente aconteceu. Eles marcam as orelhas de seus lobos com várias marcas, como é feito aqui na Inglaterra em ovelhas e outros animais; o que foi igualmente bem provado, pois os lobos destas partes não são tão violentos e devoradores como os de outros países, pois nenhuma pessoa de quem já ouvi falar poderia dizer que algum lobo... atacou qualquer homem ou menino.

Se esse for um relato verdadeiro (e por que não seria?), aprendemos algo surpreendente: essas pessoas sabiam tratar os lobos selvagens da mesma forma como o fazemos com os cães hoje. Isso é importante para mim porque é algo que tentei entender em vários dos meus livros, especialmente no último, *Beasts: What Animals Can Teach Us About the Origins of Good and Evil* [*Bestas: O que os animais podem nos ensinar sobre as origens do bem e do mal*, em tradução livre]. Eu queria entender por que devemos ter um relacionamento adversário com todos os chamados outros grandes predadores do mundo (outros que não nós), incluindo os lobos. Uma exceção, porém, é a orca ou "baleia assassina". Até agora, não houve nenhum caso de uma orca matar um humano na natureza, embora nós as tenhamos matado aos milhares. Essa inimizade é "natural"? Acredito que não.

É artificial, criada por circunstâncias de nossa própria criação. O que normalmente temos são relatos de inimizade entre humanos e lobos que remonta há séculos. Na Noruega, onde aparentemente um lobo não matou nem feriu ninguém nos últimos duzentos anos, um caçador matou o último lobo conhecido do país em 1966 (em 2016, havia 68 lobos no país, e o governo queria matar 47); metade da população respondeu a um questionário recente dizendo que tem "muito medo de lobos". Em outras palavras, é apenas um preconceito profundamente enraizado que persiste, apesar de ser completamente ilógico e não ter o suporte de nenhuma evidência.

Douglas Smith, líder do Projeto Yellowstone Wolf do Parque Nacional de Yellowstone, escreveu-me dizendo que não houve ataques de lobos a humanos entre 1995 — quando foram introduzidos no parque pela primeira vez — e 2009, quando o estudo foi concluído.

Tudo que podemos dizer é que temos a sorte quase única de que uma espécie selvagem, os lobos, tenham decidido, em algum momento e por razões um tanto misteriosas, tentar a sorte conosco e, na barganha, tenham nos exposto a um amor que talvez seja ímpar entre duas espécies quaisquer. É essa singularidade, com certeza, que torna a morte do cão tão profundamente dolorosa para nós.

2

O único defeito deles: morrer antes de estarmos prontos

Os cães nos dão absolutamente tudo de si. Somos o centro de seu universo. Somos o foco de seu amor, fé e confiança. Eles nos servem em troca de restos. Esse é, sem dúvida, o melhor negócio que o homem já fez.

Roger Caras

Os cães envelhecem, é lógico. Mas envelhecem e ficam dementes? Aliás, "demente" é uma palavra que eu adoraria ver aposentada, soa mal. Talvez eles fiquem confusos ou tão velhos que não são mais os mesmos. Mas acredito que eles têm mais resiliência que humanos mais velhos, talvez porque sejam, afinal, lobos com roupas de cachorro (mesmo que isso não seja cientificamente correto). Os lobos, ao que parece, não sofrem de demência. Talvez seja porque não vivem o suficiente, ou talvez, ao começar a apresentar sinais de declínio cognitivo, não sejam mais capazes de participar plenamente da vida da matilha e manter sua posição, sendo "abandonados" por seus companheiros. Todos esses "talvez" mostram quão pouco entendemos o ciclo de vida de praticamente *qualquer* animal selvagem.

Mas acho que a razão de haver tão pouca demência óbvia em cães é que eles, em geral, nas melhores circunstâncias, vivem sem as ansiedades que atormentam os humanos. Uma dessas causas de ansiedade de nossa espécie é nossa alardeada capacidade de prever o futuro. Eu não estou imune a isso: aos 79 anos, de repente me pego pensando em assuntos sobre os quais lia até recentemente, mas nunca os considerei relevantes para mim. Refiro-me a envelhecer e tornar-me incapacitado de uma forma ou de outra e, em particular, a sofrer deterioração mental. Percorri tanto essa rota improvável que pedi a minha filha Simone, que é enfermeira e cujo trabalho é diagnosticar pessoas com possível demência, que me aplicasse o teste de cognição. Estou aliviado por poder dizer que tirei a nota máxima.

Por que agora? Bem, vivo com uma esposa muito mais jovem e temos dois filhos, de 18 e 23 anos. Não posso suportar a ideia de me tornar um fardo para eles. Preferiria agir como um gato e ir embora para morrer sozinho e despercebido. Bem, não morrer exatamente, mas, digamos, viver em um pequeno vilarejo na Tailândia perto de Chiang Mai, onde eu poderia curtir o sol, a comida tailandesa e as pessoas simpáticas e dificilmente ser notado. Minha família poderia me visitar uma vez por ano e, assim, eu não sentiria que meu declínio teria um impacto tão negativo na vida deles. Não apenas os gatos, mas também outros animais "selvagens" (não todos) fazem o mesmo. Só podemos especular por que: talvez para evitar que o grupo sofra os males de um único membro.* Mas embora diga isso, e é um bom começo de conversa em jantares entediantes, devo admitir que não acredito nisso de verdade. Acho que Leila jamais me deixaria sozinho na Tailândia ou em qualquer outro lugar. Também não acredito que, se ela deixasse, eu me adaptaria e seria perfeita-

* Acho interessante que de todos os animais domesticados, apenas os cães correm para nós quando estão assustados. Cavalos e gatos fogem. Já vi isso acontecer muitas vezes com meus muitos gatos: é como se, em uma emergência, eles voltassem a ser seus antepassados selvagens.

mente feliz. Também não acredito que meus três filhos permitiriam. Portanto, é só a fantasia de não me tornar um incômodo na velhice. Tenho certeza de que isso é algo compartilhado por muitas pessoas da minha idade. Esse é mais um motivo pelo qual me oponho à eutanásia para os idosos: eles podem pedir simplesmente porque não querem ser um fardo para a família. Mas isso não é razão para morrer. E se alguém é realmente um fardo para a família ou seus parentes acreditam nisso, seja verdade ou não, certamente minha fantasia sobre a Tailândia é preferível a uma viagem à Suíça para realizar um procedimento de eutanásia.

Se você acessar a internet, não encontrará muita literatura sobre demência canina, e o que existe não é totalmente convincente ou científico. Já assisti a vídeos na internet que aparentemente mostram um cão com demência, mas tudo que se vê é um velho cachorrinho vagando em círculos pelo jardim. Como esse é um território familiar para o cão, talvez ele esteja apenas repetindo o que sempre fez e sentindo prazer na familiaridade que isso lhe proporciona.

Portanto, não sei por que gatos querem ficar sozinhos quando morrem (pelo menos alguns deles), mas quando se trata de cães, uma coisa é certa: nenhum se preocupa por ser um fardo para sua família humana; tudo que desejam é estar constantemente em contato com sua família, tanto que um veterinário anônimo postou recentemente um comentário amplamente compartilhado que dizia que muitas pessoas acham insuportável estar presente no momento final com seu cachorro e saem da sala. O que ele vê, então, é que o cão olha freneticamente para as pessoas presentes em busca de sua própria família, e que fica muito angustiado por não a encontrar. E ele, o veterinário, também fica angustiado com a ausência do humano. Ele implora para que reconsiderem, mesmo que isso lhes cause sofrimento, e se disponham a testemunhar os momentos finais do cachorro. Eu concordo com ele. Devemos a eles esse conforto em seus últimos momentos, não importa quão infelizes isso nos deixe.

Quanto à demência em gatos, encontrei ainda menos informações que em cães. Tive muitos gatos na vida (veja meu livro *A vida emocional dos gatos: uma viagem ao coração dos felinos*, em português de Portugal), e não consigo me lembrar de nenhum desenvolver algo que se pareça com demência. Porém, reparei que, conforme meus gatos envelheciam tornavam-se menos interessados em caçar, o que me fazia feliz. Como um tolo, acreditava que isso acontecia porque tantas vezes eu os havia advertido e implorado para que parassem. Os gatos sempre olhavam para mim com uma expressão desdenhosa que se traduzia como "Acha que está falando com alguém que liga para o que você diz?", enquanto saíam de casa em busca de presas. Também é verdade que, à medida que meus gatos amadureciam, cada vez menos se interessavam em sair de casa. Ficavam "contentes" — palavra dominante na linguagem dos gatos — sentados no parapeito da janela tomando banho de sol ou deitados no colo de um humano, ronronando alto. À noite, conforme envelheciam, invariavelmente queriam dormir em nossa cama, coisa que, felizmente, Leila e eu considerávamos uma honra e um privilégio. No inverno, eles até se aconchegavam sob as cobertas, aquecendo a todos nós. Nunca vi sinais de nada que se parecesse com demência.

Nossos gatos sempre tiveram uma criação indoor/outdoor. Há uma controvérsia sobre isso atualmente. As estatísticas mostram que os gatos domésticos vivem em média 11 anos (entre 10 e 16, mas podem viver até 20), ao passo que gatos que saem regularmente ao ar livre vivem menos de cinco. É por isso que a maioria dos abrigos de gatos nos Estados Unidos não permite que uma pessoa adote um animal se não concordar em mantê-lo dentro de casa. Isso é uma complicação em termos de longevidade para estes felinos. Nós que os amamos não suportamos a ideia de que nunca experimentarão a vida ao ar livre, e lhes oferecemos uma porta para gatos (às vezes chamada de a maior invenção humana de todos os tempos), que permite que explorem a vizinhança. Certamente pensamos que um gato precisa de acesso ao mundo natural e não pode prosperar em um ambiente interno permanente. Isso faz sentido intuitivamente; afinal, a moeda de troca de um gato, ao escolher a domesticação, não deve ser o encarceramento. Mas é contradito pelos muitos estudos que mostram que os gatos que saem regularmente têm uma expectativa de vida mais curta.* Raro é o gato que desenvolveu um respeito saudável pelos carros. Portanto, se queremos passar anos e anos com nossos gatos e envelhecer juntos, infelizmente, é melhor mantê-los longe dos perigos de um mundo no qual não aprenderam evolutivamente a viver — nem nós. A propósito, carros também matam um número excessivo de pessoas.

Agora entendo esse raciocínio (convincente), mas para um animal que na natureza está constantemente em movimento, viver confinado a uma casa não é natural. Os gatos que mostram sinais do que os veterinários chamam de "síndrome da disfunção cognitiva felina" invariavelmente vivem dentro de casa. Portanto, eu sugeriria que parte desse declínio pode não ser biológico, mas sim devido a uma experiência limitada. Os gatos devem se sentir muito entediados. É por isso que tantos que vivem em apartamentos e casas de onde não saem agora têm pátios projetados especialmente para eles e enriquecimento ambiental, com parapeitos (de onde eles podem observar o exterior), e passarelas interligadas em diferentes

* Gatos que saem regularmente — na verdade, muito frequentemente quando são jovens — morrem atropelados por carros, são atacados por cães e outros animais ou mortos por humanos de má índole que os caçam para se divertir e por muitas outras razões. Por outro lado, um gato que vive dentro de casa costuma ficar entediado, gordo e preguiçoso, não tem chance de exercer seu comportamento normal etc. A maioria dos veterinários acredita que os gatos devem ser mantidos dentro de casa. As estatísticas variam, mas é absolutamente correto afirmar que os gatos domésticos vivem muito mais tempo. Consulte o site, em inglês, <https://www.americanhumane.org/fact-sheet/indoor-cats-vs-outdoor-cats/>. Segundo um veterinário na Inglaterra: "Gatos de rua que vivem mais de um ano têm uma expectativa de vida que chega até o fim da adolescência, exatamente como os que vivem dentro de casa." Mas na Inglaterra, eles quase não têm predadores naturais, ao passo que nos Estados Unidos, por exemplo, existem muitos.

alturas, com surpresas pelo caminho. Acho que é uma ótima ideia deixar sua imaginação correr solta e criar atrações animadas para seus companheiros felinos. Não há razão para não enriquecer o ambiente de seu gato exatamente como faria para seu filho. Brincar com seu gato é bom para você e para ele. Meus gatos adoravam brincar de predador (naturalmente, eles) e presa (eu, é lógico). Eles esperavam que eu entrasse em um cômodo para pular e atacar meus tornozelos. Era óbvio que eles sabiam que era uma brincadeira, mas também uma maneira de eu observar o senso de humor de um gato. Eles achavam engraçado me atacar como se eu fosse um rato. Era divertido e engraçado para eles. Devo dizer que para mim também. Emboscar-me era, sem dúvida, a brincadeira favorita dos meus gatos. Tínhamos a sorte de morar na orla, onde não havia carros; à noite, quando a praia estava deserta, íamos passear e eles brincavam de emboscada comigo e com nosso cachorro. Não sei se ele entendia a brincadeira, mas os gatos certamente sim.

Não pensamos em abandonar nossos animais simplesmente porque eles esquecem de usar a caixa de areia — nada agradável, concordo — ou vagam sem rumo pela casa, miando ou latindo aparentemente sem motivo. De qualquer maneira, dificilmente entendemos os miados dos gatos; eles ainda estão aguardando interpretação. Tenho certeza de que um dia conseguiremos entender o que eles tentam nos dizer e ficaremos chocados ao descobrir como éramos burros por *não* ter entendido antes. Existem muitos motivos ruins para a eutanásia de companheiros animais, e desenvolverei isso em um capítulo posterior. Por enquanto, vou simplesmente declarar o óbvio: a *única* razão para se levar um cão ou gato ao veterinário para uma eutanásia é quando *eles* (não nós) estão sofrendo de maneira insustentável sem nenhuma perspectiva de cura. Penso da seguinte maneira: se eles pudessem falar, pediriam ou implorariam que os mantivéssemos mais tempo com sua amada família? Um dos nossos problemas é que não podemos determinar o que acontece em torno da morte na natureza; isso continua sendo um tópico muito pouco estudado e, portanto, pouco compreendido.

Na verdade, entendemos o comportamento dos animais selvagens em torno da morte de uma maneira muito precária — se é que entendemos. Vejamos a mamãe orca perto de Victoria, Colúmbia Britânica, que depois de 17 meses de gestação, deu à luz uma fêmea que morreu poucas horas depois, provavelmente porque a mãe estava desnutrida — resta pouco salmão selvagem na área por causa da pesca excessiva. A orca carregou seu filhote morto por 16 dias, algo nunca visto — o que não significa que isso não aconteça, apenas que nunca o observamos. Quando o bebê escorregava para longe dela e afundava, a mãe o resgatava das profundezas. É impossível saber exatamente o que ela estava sentindo naquele momento, nem ter certeza de que ela mesma sabia. Não é impossível que a mãe soubesse que nenhum filhote nascera no grupo nos três anos anteriores.

Isso não é diferente da profunda dor que os humanos sentem pela perda de um filho recém-nascido. Os pesquisadores do estado de Washington estavam cientes disso. Deborah Giles, bióloga e pesquisadora de orcas do Centro de Biologia da Conservação da Universidade de Washington, disse ao jornal *The Washington Post:** "Se você é uma baleia ou um golfinho, tem que descer e pegar aquele animal enquanto ele está afundando, trazê-lo à superfície, prender a respiração o máximo que puder e, a seguir, basicamente jogar o bebê acima de sua cabeça só para poder respirar." Ela observou a mãe orca de um barco de pesquisa e disse que "J35 conseguiu fazer isso repetidamente, o tempo todo lutando contra uma forte correnteza". A pesquisadora acrescentou que era provável que o animal não comesse havia dias. A dedicação da mãe é um testemunho dos

* Chiu, Allyson. "Um filhote de orca morreu pouco depois de nascer. Sua mãe, em luto, carrega o corpo do bebê há dias", *The Washington Post*, WP Company, 27 de julho de 2018.

laços fortes que os animais sociais, como as orcas, formam com seus filhos. "É real e natural", disse Giles. "É óbvio o que está acontecendo. Não dá para interpretar de outra maneira. Esse animal está sofrendo por seu bebê morto e não quer deixá-lo partir. Ela não está pronta." Essa reação é semelhante à de muitas pessoas quando perdem um filho, continuou a pesquisadora. "Isso é parte do que as pessoas estão percebendo — algo como 'meu Deus, eu me sentiria da mesma maneira se meu filho morresse logo depois de nascer. Eu também não gostaria de deixá-lo partir'." Mas as orcas são seres muito mais misteriosos para nós que os cães. Estamos em terreno muito mais firme quando se trata de cachorros, tanto por causa do tempo que vivemos juntos como pela intensidade do vínculo (ninguém nunca viveu com uma orca selvagem; na verdade, jamais alguém testemunhou o parto de uma fêmea da espécie).

Os cães geralmente não fazem o mesmo que os grandes felinos, ou seja, ir embora para morrer sozinhos. Suspeito que o motivo é que os cães são muito parecidos conosco. Tendo vivido ao lado do ser humano por dezenas de milhares de anos, eles ficaram como nós, mesmo quando confrontados com a morte. Isso é pura hipótese, concordo, mas faz sentido. Há outras evidências; alguns cães envelhecem junto com seus companheiros humanos. Uma amiga que estava nos estágios iniciais de demência me contou que, quando começou a notar seu declínio cognitivo, ainda bastante benigno, percebeu que seu cachorro, que ainda não tinha dez anos, começava a mostrar sinais de envelhecimento mental também. Ela se perguntou se isso seria, de fato, biológico, ou talvez outra coisa — o que ela chamou de "empatia contagiosa". Minha amiga acreditava que seu cachorro sentia as necessidades dela tão fortemente que, quando ela começou seu lento declínio, ele quis acompanhá-la — para lhe fazer companhia, por assim dizer. Não acredito que tenha sido demência de verdade.

Observe aqui algo que podemos aprender sobre como tratar os humanos da mesma maneira que tratamos os cães. Não conheci uma única pessoa (o que, certamente, não significa que elas não existam) que me dissesse querer enviar o cachorro para um asilo de cães velhos só porque envelhecerem. Todo mundo que conheço que tem um cachorro idoso quer cuidar dele em casa. Acredito que essa seja a preferência do cão também, e quase certamente a de quase todos os humanos com demência que não estão em casa, e sim em instituições públicas ou privadas. Entendo que, por vários motivos, muitas vezes as pessoas não têm escolha; ainda assim, me parece longe do ideal.

Estou observando de longe meu cachorro Benjy, aos 13 anos, começando a declinar. Eu não chamaria de demência o que ele tem, mas é evidente que seu estado mental não é tão afiado como antes. O principal sintoma do envelhecimento é que ele passou a ter incontinência no apartamento (não tem acesso imediato a um jardim). Ilan está cuidando dele em Berlim, enquanto nós estamos em Sydney — mas passamos algumas semanas com ele faz uns meses. Benjy não parece muito preocupado com sua incontinência. Ele simplesmente urina como se estivesse fora. Ilan não cria caso e limpa tudo. Curiosamente, em vez de evacuar por completo, com mais frequência Benjy deixa pequenos pedacinhos parecidos com tâmaras, quase como um gesto de educação: "Eu tinha que ir ao banheiro, mas tentei fazer o mais limpinho possível." Ele não parece confuso. O mais importante de tudo é que sua capacidade de amar não diminuiu nem um pouco. Ele dorme na cama de Ilan à noite, e eu lhe disse que, se arranjar uma namorada que se oponha a isso, terá que procurar outra companheira. Benjy encosta a cabeça no peito de Ilan e encara meu filho com puro amor. Ele está experimentando, como sempre, o prazer de estar com seu melhor amigo.

Amigos me dizem que quando seus cães começam a declinar, geralmente parte de um aspecto físico: não podem mais sair para passear, defecam pela casa, perdem o apetite, parecem sentir dor ao andar. Mas é raro que alguém me diga que seu cachorro está declinando mentalmente, e nunca ouvi dizer de algum que perdeu a capacidade de sentir amor. Uma amiga, porém, que tinha uma cachorra chamada Sima, contou-me sobre uma possível exceção. Perto do fim de sua vida, Sima não queria mais abraços. Isso deixou sua companheira humana de coração partido, pois ela só pedia um carinho como pretexto para sair no meio da noite (mais adiante conto toda a história de Sima, já que ela viveu comigo também). Outro amigo tinha uma cachorra que ficava envergonhada por defecar dentro de casa; então, eles colocavam papel no chão e a cachorra o usava. No último dia de sua vida, um veterinário foi à casa deles para realizar a eutanásia e, enquanto estava morrendo, ela teve um último episódio de diarreia e conseguiu rastejar até o papel pela última vez.

A grande pergunta, para a qual provavelmente não há uma resposta definitiva, é se os cães pensam sobre a morte. Eles têm alguma concepção disso? Não vou bancar o especialista aqui, porque não acredito que alguém saiba a resposta. Muitas pessoas tiveram experiências que sugeririam respostas, mas variam amplamente. Tenho certeza de que os cães, ao contrário de mim, não passam muito tempo enquanto ainda são perfeitamente saudáveis imaginando o que acontecerá quando não forem mais. Tenho certeza de que não se perguntam como será a vida após a morte (uma frase estranha, admito). Ou, em outras palavras, não se perguntam se existe uma vida após a morte ou se vão sentir alguma coisa depois de morrer. Lembro-me de meu pai, Jacques, que nasceu na França, dizendo-me pouco antes de morrer, aos 84 anos, que estava muito curioso para saber o que aconteceria depois que morresse. Não que ele acreditasse que algo específico aconteceria, mas estava quase feliz com a ideia de morrer para finalmente saber. Este é mais um estranho uso da linguagem, porque é lógico que ele não saberia se não houvesse ninguém para lhe dizer. Quando escrevemos sobre a morte, ou pensamos nela usando uma linguagem, logo nos encontramos em território novo. É como tentar imaginar o nada que vem logo depois da morte. Como se encontra palavras para isso? Como nossa mente assimila esse conceito?

A designer Kate Benjamin, conhecida por seu trabalho com Jackson Galaxy, especialista em comportamento felino e apresentador do programa de televisão *Meu gato endiabrado*, teve câncer de mama. Ela foi destaque no *New York Times* em 6 de setembro de 2018 na matéria "Com o desenvolvimento da terapia assistida por animais, entram os gatos", quando relatou que, logo terminada a quimioterapia, seu gato favorito (ela tem nove) morreu. Ela disse à repórter Jennifer Kingson: "Sinto tanto a falta dele! De alguma forma, parece que ele estava lá para me apoiar durante a doença, e então disse 'Ok, você está bem, tenho que ir'." Eu tive que ler isso duas vezes, e só na segunda sem lágrimas. Além do doce sentimento envolvido, essa passagem levanta uma questão crítica: quanto os outros animais entendem sobre a própria morte e a nossa? Não se escreveu muito sobre isso, de modo que espero que me perdoe a natureza provisória do que se segue.

Cães e gatos intuem, de alguma forma, o momento de dizer "Estou chegando ao fim"? Nesse caso — e suspeito que sim, até certo ponto —, não enfrentam esse fim com medo. Muitos humanos, ao sentir a aproximação da morte, desmoronam completamente e se tornam extremamente medrosos, ansiosos, chegando até a entrar em pânico. Nunca ouvi falar de um cão ou gato que fizesse isso. Talvez eles sejam capazes de sentir que perderão o contato com seu querido amigo. De fato, eles sabem disso? É muito difícil dizer ou encontrar evidências, de qualquer maneira. Será que acreditam que a separação será apenas temporária, como muitas pessoas religiosas pensam? Queria compartilhar dessa crença... Infelizmente, não acredito nisso. Acredito que a morte é permanente, que não existe vida depois e que nada de nós sobrevive, exceto as lembranças naqueles que deixamos para trás.

Isso deve ser bom para cães e gatos, mas nós, seus companheiros humanos, não somos tão abençoados. E à medida que o fim se aproxima para nossos amados animais, invariavelmente — ou, pelo menos, na maioria das vezes — muito antes que para nós, ficamos completamente arrasados.

Como indiquei anteriormente, os animais são como crianças para nós; nos sentimos muito impotentes quando estão morrendo por não sermos capazes de protegê-los da morte. Esse desamparo deixa crianças, cães, gatos e até mesmo humanos adultos perplexos. Infelizmente, não há nada vivo que não morra, e essa é uma verdade dolorosa que ninguém pode compreender por completo. Felizmente, precisamos pensar nisso só algumas vezes na vida; viver com cães e gatos, porém, apresenta muitas oportunidades para isso. Queria que fosse diferente.

3

Todas as coisas brilhantes e bonitas devem ter um fim: cães à beira da morte

Se você tem um cachorro, provavelmente viverá mais que ele. Acolher um cachorro é se abrir para uma alegria profunda e, prospectivamente, para uma tristeza igualmente desmedida.

Marjorie Garber

Os cães normalmente morrem quando têm entre 7 e 20 anos, dependendo de seu tamanho. Ninguém sabe ao certo por quê, mas provavelmente isso está relacionado à reprodução seletiva na manipulação das raças. Um dogue alemão, por exemplo, precisa crescer cem vezes seu peso ao nascer só no primeiro ano. Nada assim acontece na natureza. Ao contrário dos humanos, não existe uma grande variação dependendo da vida que os cães levam. Portanto, os pequenos poodles provavelmente atingirão pelo menos 14 anos, ao passo que raças maiores raramente viverão além dos 12; a idade média de vida de um dogue alemão, por exemplo, é 7 anos. Apesar disso, não posso deixar de me perguntar se os berneses têm uma vida particularmente curta por causa do que fazem ou pelo tamanho que têm.

Isso não parece ser verdade para outros animais. Baleias e elefantes são animais que vivem por muitos anos, enquanto pequenos ratos vivem pouco. A enorme baleia-da-Groenlândia (65 toneladas e 18 metros de comprimento), pode viver até 200 anos! Isso também não se aplica aos gatos, talvez simplesmente porque não há entre eles grande diferença de tamanho. Os maiores gatos, da raça Maine Coons, são grandes (os machos têm de 5 a 8 kg; as fêmeas, 4 kg ou menos. Provavelmente são tão grandes porque evoluíram em países do norte, de clima frio, onde seu pesado pelo era útil para andar na neve), mas a variação não é enorme se comparada com os cães: um cão pequeno pode pesar menos de 2 kg e um grande, chegar a 68 kg.

Quando eu era mais jovem, tinha tendência a acreditar que os humanos muito altos tinham vida mais curta que os mais baixos, mas isso se baseava apenas em anedotas e no fato de que não sou muito alto. Há pouca ciência por trás disso. Por outro lado, obviamente há uma enorme discrepância de tamanho entre os humanos. Menos obviamente, os homens, em média, morrem mais jovens do que as mulheres. Eles também têm muito mais probabilidade que as mulheres de morrer prematuramente, e isso é particularmente verdadeiro em países com forte disparidade entre gêneros, de acordo com a Organização Mundial da Saúde (OMS). Quanto mais equitativo for o país entre homens e mulheres, mais tempo os homens viverão. Mas essa origem social do envelhecimento não é verdadeira para os cães; as fêmeas também vivem um pouco mais, em média, que os machos. Isso estaria relacionado à agressão? Possivelmente, porque os cães (machos e fêmeas) vivem mais quando são castrados. Parece-me que os cães machos grandes são um pouco mais agressivos que as fêmeas, mas não sei se isso foi pesquisado o suficiente (entre os animais em geral — com poucas exceções, como as hienas —, os machos tendem a ser mais agressivos que as fêmeas).

Quase todas as pessoas que vivem com um cão ou gato enfrentarão a morte do bichinho, devido a seu menor tempo de vida. Como vimos nos capítulos anteriores, não estamos preparados para isso. Nós nos revoltamos e xingamos o destino, queremos que nossos amados companheiros vivam mais — especialmente quem tem cães. Talvez não queiramos que nossos cachorros vivam tanto quanto os grandes papagaios, muitos dos quais ainda estarão vivos muito depois de nossa morte, mas sim tanto quanto os gatos. De acordo com o *Guinness World Records*, o gato mais velho registrado viveu até os 38 anos, mas mesmo a idade média deles é muito maior que a dos cães — entre 12 e 15 anos. O cão mais longevo viveu 29 anos.

Como cães e gatos representam para nós, em particular, um relacionamento criança-adulto, perdê-los é muito parecido com perder um filho. Sei que repito isso com frequência, mas é porque é essencial para compreender como nos relacionamos com cães e gatos e outros animais companheiros. Pessoas que não reconhecem essa relação ficam intrigadas e, às vezes, são até hostis com quem estima seus cães e gatos. O escritor Karl Ove Knausgård, por exemplo, publicou recentemente um artigo na revista *The New Yorker* contra escritores e cães — talvez ele estivesse brincando, mas perguntou: "Algum bom escritor já teve um cachorro?", e sua resposta foi "Não" (ele esqueceu Virginia Woolf, Ernest Hemingway, Kurt Vonnegut e até Sigmund Freud, que também foi um excelente escritor). Seu argumento parece ter sido que só havia espaço para um solipsista na casa, esquecendo que os cães são tudo, menos preocupados consigo mesmos; eles se preocupam conosco.

De certa forma, a morte repentina de um cão ou gato parece ir contra a ordem natural. Ou melhor, é assim que nos sentimos emocionalmente. Por quê? Porque esses animais são dependentes de nós e muito vulneráveis, e porque não fizeram nada para merecer uma morte que consideramos prematura. Mas também, consideremos quanto tempo passamos com esses animais; eles nos veem o tempo todo em que estamos em casa. Saímos para caminhadas solitárias com nossos cães, às vezes por horas. Podemos nem perceber, mas confiamos neles. Eles nunca nos criticam, nunca nos olham com descrença ("Não acredito que você acabou de dizer isso! Como pode ser tão idiota?"). Nenhum companheiro humano é tão compreensivo ou misericordioso, tão ansioso por estar conosco. Você pode trocar afagos com sua esposa ou marido por uma hora, mas um gato ficará deitado em seu colo a tarde toda. Um cachorro ficará deitado a seus pés o dia todo, se necessário, até que você desista e o leve para fora.

Portanto, há uma intimidade única em ambos os casos. Se seu cão for bem socializado e ligado a você, como geralmente acontece, essa intimidade ocorrerá sem conflito. O tom emocional não muda. Na verdade, enquanto esse ritual de união acontece, estamos vivendo no espaço deles, porque é assim que esses animais se relacionam com seus companheiros na natureza. Bem, talvez eu esteja exagerando; não sabemos muito sobre as interações íntimas diárias dos grandes felinos nem dos lobos. Ninguém viveu por muito tempo em uma relação próxima com um animal selvagem na natureza, no próprio ambiente dele. E provavelmente nunca viverá, pela simples razão de que não somos eles; mas quando vivem conosco, eles são mais ou menos nós. As exceções que existem, muitas vezes interessantes, envolvem pessoas que criaram um animal selvagem desde a infância (lobos, por exemplo), ou o relacionamento extraordinariamente íntimo que um homem estabeleceu com ursos selvagens. Abordo esse assunto posteriormente neste livro.

Quando estava em Berlim, conheci uma mulher extraordinária que trabalhava com soluções para reduzir a poluição no mundo todo. Ela ocupa uma posição elevada e é uma das líderes da área. Contei a ela sobre o livro que estava escrevendo e seus olhos se encheram de lágrimas. *Diga-me*, implorei, *por que está chorando?* Ela me contou a seguinte história sobre seu cachorro, Jack, e então eu entendi. Foi muito corajoso da parte dela, e acredito que ajudará outras pessoas na mesma situação. É uma honra para mim incluir sua narrativa aqui:

> Eu tinha uma fazenda na África; ou melhor, tinha um amigo que tinha uma fazenda no continente africano. Era uma bela fazenda na divisa com um parque nacional, cercada por colinas e perto de um rio. Elefantes e hipopótamos eram nossos vizinhos, e eu tinha um cachorro verdadeiramente africano: Jack, sempre feliz, faminto e pronto para correr. Quando chegávamos à fazenda, eu o deixava sair do carro e ele corria acompanhando meu Toyota até alcançarmos os portões da casa. Ele amava aquelas corridas e eu adorava vê-lo avançar pela estrada poeirenta, sob um sol africano, e depois correr para beber e se refrescar sob uma acácia.
>
> Mas a escuridão nunca estava longe, e naqueles dias de sol, nós nos enchíamos de bebidas e drogas para abafar a voz de um profundo mal-estar interior.
>
> E então, num daqueles dias de sol e sombras, bebidas e drogas, meu amigo dirigia e Jack estava correndo. O som da coluna de Jack se quebrando contra as rodas do jipe ainda ecoa dentro de minha cabeça. Pulei do carro e estendi os braços. Jack cambaleou até mim com uma expressão de dor, medo e confusão; aninhou-se em meus braços e morreu.
>
> Eu o enterrei na fazenda em uma cova que abri naquela noite, sob um baobá. Com ele, enterrei aquela parte de mim que permitira que aquilo acontecesse — o eu fraco, indeciso, autodestrutivo e irresponsável.
>
> A dor e a vergonha por ter causado a morte de Jack de uma maneira tão estúpida foi um momento decisivo

> para mim. Levei um ano para ficar sóbria e acabar com aquele estilo de vida, mas consegui e nunca voltei a usar drogas. Cada vez que ficava difícil, eu me lembrava daquele dia ensolarado e horrível e da pergunta nos olhos de meu cachorro: "Por quê?" Hoje sei que Jack salvou minha vida.

Principalmente crianças dizem: "Ela era minha melhor amiga." E elas sentem exatamente isso. Intentam dizer (se bem me lembro do que eu mesmo sentia quando era criança e vivia com cães e gatos) *que seriam capazes de dizer tudo ao animal, ou seja, tudo que nunca contaram a ninguém*. E obviamente não receberiam nenhuma crítica por contar, não teriam que discutir nem ouvir um sermão; não haveria nem mesmo uma sobrancelha levantada. Ninguém pra lhes dizer "Espere até seu pai chegar"; não escutariam "Estou chocado" ou "Estou muito decepcionado com você". A criança sabe que o animal não pode expressar nada disso, mas também acredita que essas ideias jamais passariam pela cabeça dele. Elas sentem que seu amigo não tem nada a criticar, não vê nada nelas que não seja adorável. Não há julgamento. Quem não gostaria de um relacionamento assim?

O sensível filme *O outro lado da esperança*, do cineasta finlandês Aki Kaurismäki, não força sua mensagem — tanto que, se você não prestar atenção, não entenderá o ponto principal. Há uma cena em que o gerente de um restaurante entra, vê um cachorro que os funcionários estão tentando esconder e diz que eles têm que sumir com o animal até o dia seguinte. Esperamos que algo mais aconteça em relação ao cão; mas nada ocorre até a cena final do filme, quando, por uma fração de segundos, vemos o "herói", o refugiado, sentir um primeiro alento de esperança de futuro e, nesse instante, o mesmo cachorro aparece e lambe seu rosto. Assim, sabemos instantaneamente que o cachorro ficará com ele pelo resto da vida. A esperança do filme é o cachorro que dá alegria ao homem quando quase nada o faz. O cineasta sabe disso, e sabe que nós também sabemos. É impressionante que *todos nós* que vivemos com cães sabemos disso.

Ao discutir esse assunto com amigos, tomei conhecimento de dois fatos bem diferentes: um é que muita gente fica escandalizada quando vê que algumas pessoas se relacionam mais com um animal de estimação que com um membro da própria família. Um caso famoso é Mozart; três anos depois de adquirir uma estorninho fêmea (evidentemente por motivos musicais, porque gostava de seu canto), Mozart organizou um funeral elaborado para ela. O escândalo foi que o pai dele morrera poucas semanas antes, e Mozart não fez o mesmo por ele. O popular blogueiro Lee Kynaston escreveu um artigo muito lido no jornal britânico *Daily Telegraph*, dizendo que a morte de seu gato o afetou tão profundamente quanto a de seu pai. Ele me convenceu:

> Naquela noite, não consegui parar de chorar. Não estava preparado para a profundidade cavernosa da minha dor. Na verdade, a dor de perder aquele bichinho preto e branco, que fazia parte de minha vida desde a virada do milênio, foi tão intensa quanto a de perder meu pai para o câncer em 1997. É polêmico dizer isso, eu sei. E, para começar, me senti muito culpado por pensar isso. Porém, é verdade. Quando você diz isso às pessoas, muitas tendem a pensar que você é cruel, desrespeitoso ou louco; afinal, como pode comparar a morte de um mero animal de estimação à morte de um ente querido? Bem, com bastante facilidade, porque o animal em questão também era um ente querido.

Como leio sobre cães, sei que a palavra que mais aparece, sem uma única exceção que eu conheça, é a palavra "amor", pelo menos em memórias sobre a vida com um determinado cão. Estranho que tal termo abstrato, que pode significar tantas e diversas coisas para tantas pessoas diferentes, seja invariavelmente evocado em relação a cães. Eles parecem nos amar sem qualquer limite. É esquisito, porque, de certa forma, isso é tão inesperado que pode chegar a ser um choque. Não estamos preparados para isso porque, a menos que já tenhamos vivido isso, parece improvável, irreal até. Ainda me lembro do dia em que conheci um amigo próximo e sua esposa. Foi em Auckland, Nova Zelândia, e ela me perguntou o que eu fazia. Eu disse que estava escrevendo um livro sobre gatos e sua complexa vida emocional, e ela respondeu: "Quem se importa?" Admito que fiquei surpreso, tanto com o sentimento quanto com a maneira franca e casual com que foi expresso. Havíamos acabado de ser apresentados e essa foi a primeira coisa que ela me disse. Eu a perdoei quase imediatamente, porque era uma mulher incrivelmente inteligente e seu campo de atuação eram as crianças. Como eu poderia criticar alguém que dedicava a vida à luta pelos direitos das crianças? Não havia lugar em sua vida, ou em seu coração, para os animais. No entanto, apesar do começo pouco promissor, nós nos tornamos amigos. Isso foi há vinte anos. Ontem recebi um e-mail com uma foto e, sim, você adivinhou: seu mais recente amor é um cachorrinho que ela acha irresistível.

Sim, é fácil entregar-se ao amor por um cachorro. Nós os amamos tanto quanto a outros membros de nossa família (e às vezes mais, porque eles quase nunca nos enchem o saco), mas, ao contrário do que acontece com outros parentes, muitas vezes temos que deixar nossos cães. Isso não é fácil. Há momentos em que é preciso dar seu cão a alguém que o amará com a mesma ferocidade que você. Talvez você esteja indo para um país aonde é difícil levar um animal, ou vivendo outra situação em que seria impossível ficar com ele. Nesses casos, recomendo que *nunca* o deixe em um abrigo, porque você não poderá ter certeza de que será adotado. E, mesmo que tenha certeza, não pode saber como será essa casa. A única alternativa aceitável é encontrar um bom amigo em quem você confie e que ame cães — e o seu em particular —, e ver se ele está disposto a aceitar seu querido companheiro. Foi o que aconteceu comigo e minha cadela Sima. Aqui está sua história *depois* que ela saiu de nossa casa e foi morar com minha amiga, Jenny Miller,* que escreveu:

> Sima era minha alma gêmea canina. Ela parecia uma mistura de border collie com golden. Pelo comprido, laranja e fofo como um golden retriever e um nariz pontudo de collie, não muito diferente de uma raposa na aparência. Ela era excepcionalmente inteligente, o que eu entendo ser uma característica dos border collies, mas seu coração era puramente de golden.
>
> Não me lembro em que momento ficou evidente que Sima e eu éramos almas gêmeas. Teria sido na época em que fui rejeitada para um emprego que eu queria muito, e lágrimas silenciosamente escorreram por meu rosto? Sima se aproximou e deixou cair um grande osso carnudo aos meus pés — o bem mais valioso e disputado entre os três cães de Jeff.
>
> Jeff ia se mudar para o exterior e viajar por longos períodos, de modo que me perguntou se eu queria ficar com Sima. Assim começou nossa longa odisseia juntas. Como não sou muito atlética, para mim era um grande prazer ver Sima nadar e mergulhar atrás de gravetos na água, e correr para pegá-los quando estava em terra firme. Para ela o "Pega!" era coisa séria. Se ela corresse atrás de um pedaço de pau, ficava com ele; se eu jogasse dez pedaços de pau, ela pegava os dez na boca. E esse hábito talvez tenha salvado sua vida uma vez.

---

* A história anterior dela se encontra em meu livro *Dogs Never Lie About Love* [*Cães jamais mentem sobre o amor*, em tradução livre].

Por um tempo, vivemos em uma cidadezinha conservadora do norte da Califórnia, onde muitas pessoas abusavam cruelmente de seus cães, deixando-os acorrentados do lado de fora. Sima e eu sempre passávamos por um desses cães em nossas caminhadas. O cachorro latia e rosnava ferozmente como se quisesse nos despedaçar, membro por membro, mas a corrente o impedisse.

Um dia, depois de seu treino usual correndo atrás de gravetos em uma área aberta, Sima se recusou a soltá-los. Eu sempre insistia para que ela deixasse os gravetos lá, pois um dia ficaria sem nenhum se levasse todos para casa, como teria preferido. Nessa ocasião, ela se recusou a soltá-los, e nada que eu dissesse ou fizesse a convenceu. Ela tinha mandíbulas muito fortes e uma teimosia igualmente poderosa, de modo que desisti; deixei que ela ficasse com sua coleção premiada, e voltamos para casa. Como de costume, passamos pelo cão feroz; mas dessa vez, a corrente quebrou e ele veio correndo, rosnando e pronto para atacar. Sima nunca foi desleixada para se defender, mas não havia como largar aqueles gravetos. Ela ficou ali impassível, segurando-os na boca. O cachorro ficou confuso. De que serve uma briga de cães se um deles se recusa a lutar? E ele se afastou.

Conforme Sima foi ficando mais velha e começou a desenvolver problemas nas articulações, concentrei minha atenção na sua saúde. Eu fazia refeições orgânicas para ela e lhe dava os melhores suplementos que o dinheiro pudesse comprar. Quando seus quadris por fim falharam, levei-a a um quiroprático genial a muitos quilômetros de distância, que trabalhava com humanos, mas tratava os animais às escondidas. Ela se recuperou.

Inevitavelmente, com o passar do tempo, a saúde de Sima começou a se deteriorar rapidamente. Ela passou a fazer xixi dentro de casa; encontrei um remédio humano raro para esse problema e funcionou para ela. Comprei suplementos para as articulações ainda mais caros e eficazes, como um holístico usado para cavalos de corrida.

Um dia saímos para nossa caminhada habitual e suas patas traseiras se torceram, como se ela estivesse em agonia. Naquele momento, eu soube. Eu sabia, mesmo que cada átomo de meu ser gritasse "Não!". Era como se a Terra de repente houvesse saído de seu eixo. Eu sabia que ela não ficaria comigo por muito mais tempo. Logo depois disso, ela parou de querer passear. Embora houvesse recebido o melhor tratamento veterinário ocidental e alternativo possível, ela não ia melhorar. Ficou com incontinência de novo e muitas vezes não queria nem se levantar.

De vez em quando, o estado de Sima melhorava de repente e ela conseguia andar. Foi em um desses dias que ocorreu a última consulta veterinária de Sima. Jeff sugeriu chamar sua filha, Simone, para ajudar. Na época, ela era assistente veterinária. Gosto de pensar que Sima ficou tranquila ao ver sua velha amiga de infância naquele lugar estranho. Minha amiga Elsbeth fez questão de nos encontrar lá, e sempre guardarei isso como uma grande demonstração de amizade.

Sei que o veterinário ficou meio surpreso, já que Sima ainda se mexia, por eu achar que aquela decisão final era necessária. Eu estava sofrendo demais para falar, mas Elsbeth explicou que Sima estava com muita dor, que não tinha prazer na vida e que eu teria que me mudar em breve, de modo que ela não teria um ambiente se-

> guro e confortável para seus últimos dias, mesmo que os pudéssemos estender por algumas semanas.
>
> Não havia como evitar isso.
>
> Deram um calmante a Sima e ela ficou deitadinha, quieta. Quando chegou a hora da injeção final, eu disse ao veterinário: "Deixe que ela cheire sua mão, para que saiba que você é amigo." A injeção foi dada e, segundos depois, as lágrimas que até então fugiam de mim jorraram de meus olhos.
>
> Nos dias seguintes, eu me senti leve e feliz, aliviada por Sima ter deixado de sofrer e sentir dor. O luto me dominou mais tarde e não me deixou, nem mesmo anos depois. Eu não pensava nela por semanas a fio, até que algo me fazia lembrar dela. Ainda não consigo passear nos lugares onde ela costumava brincar de "largar é para os fracos".

Fico muito feliz por ter encontrado um lar tão amoroso para Sima, como essa passagem deixa bem claro.

Eu arriscaria supor que, há cerca de vinte anos, se pedíssemos às pessoas que nomeassem a capacidade que distingue os humanos de outros animais, a resposta teria sido amor. A maioria das pessoas não acreditava que outros animais fossem capazes de amar, nem a nós nem aos da mesma espécie. Não sei por que isso mudou tão drasticamente, mas mudou. Na verdade, estou disposto a ir ainda mais longe e sugerir que agora existe um número considerável de pessoas que acreditam que alguns animais são capazes de amar mais que nós. Logicamente estou pensando em cachorros. Vou tentar colocar de outra maneira: os cães são capazes de um tipo diferente de amor; um amor sem ambivalência. Sei que isso já foi dito muitas vezes, mas acho que toda vez que alguém se dá conta disso, é como um raio que surge do nada. Como pode ser possível que *outro* animal seja capaz de algo que eu não sou? Às vezes, vemo-nos diante do fato incontestável de que outra pessoa é mais talentosa que nós. Cantam melhor, são mais inteligentes, mais dedicadas, são melhores artistas, mais atléticas, mais gentis. Mas se alguém nos dissesse que há pessoas que amam muito mais que nós, acho que hesitaríamos em acreditar. Portanto, tenho certeza de que quando as pessoas que não viveram com cães ouvem de um amigo obcecado que o amor que sente provir de seu cachorro é maior que qualquer outro que já experimentou, elas pensam que ele está exagerando ou que está errado ou louco. E enquanto não experimentamos isso, é difícil de acreditar. Mas depois de experimentá-lo, você se pergunta como conseguiu viver sem isso. E da mesma forma, enquanto não sentimos isso, não temos ideia de que somos capazes de amar um animal de estimação com um amor tão puro e feroz. E descobrimos que somos quando nos apaixonamos por um gato, cachorro ou outro animal.

A existência desse amor provoca difíceis questões filosóficas. Vamos supor que eu esteja certo e que seja uma qualidade real que a maioria dos cães possui, tanto por nós quanto pelos membros de sua própria espécie. A questão então é: de onde vem esse amor? Por que deveria existir? Qual é seu propósito? Existe algo similar na natureza? Ah, aí está o cerne da questão. Acho que é uma das perguntas mais interessantes que alguém pode fazer: há na natureza algo similar ao amor que os cães sentem? Receio que jamais saberemos a resposta. Por quê? Porque não sabemos o suficiente sobre relações — e especialmente relações de amor — na natureza para responder. Vemos constantemente casos de afeto na selva. Ninguém pode negar isso. Mas como passamos do afeto ao amor? O que nos permite dar um passo adiante tão importante? Afeto é algo que qualquer pessoa pode observar, quase não precisa de definição. Mas o amor, por outro lado, é um sentimento subjetivo cuja existência jamais podemos provar, exceto quando nós o sentimos. Pode haver fortes evidências de que sua esposa o ama, mas só ela sabe de verdade. Por isso, acredito que os animais selvagens e nossos animais de estimação sentem amor. É o que me parece, mas é um tiro no escuro. Certamente, os pássaros que têm um único companheiro a vida toda, que às vezes sofrem com sua morte, devem sentir algo semelhante ao que sentimos, e chamamos isso de amor. As baleias geralmente ficam juntas por toda sua longa vida. Será que não sentem nada mais que simples afeto? Existem estudos criteriosos sobre todos esses animais e, é lógico, sobre os chimpanzés e bonobos, começando com o trabalho pioneiro da primatóloga Jane Goodall. E a maioria dos observadores, suspeito, iria além da palavra "afeto" e ficaria à vontade para usar "amor". Mas essa ainda é uma questão muito subjetiva e que nunca poderemos resolvê-la por completo para a satisfação de todos. Fico satisfeito em deixar registrado e chamar isso de amor, mas sei que alguns cientistas não.

Levemos em consideração, por exemplo, esse caso que surgiu na internet: um jovem narval (o unicórnio-do-mar, uma baleia do mar Ártico que tem uma grande presa saliente derivada de um dente canino) perdido (órfão?) foi adotado por um grupo de baleias beluga adolescentes. "Ele agora é da galera", disseram os cientistas que observaram esse comportamento incomum. Imagine como estaríamos relutantes em dizer que esse narval ama as belugas, ou que as belugas também o amam. Teríamos muita dificuldade para nutrir essa ideia. E por quê? Essencialmente, somos incapazes de penetrar os estados emocionais dos outros seres, exceto ao usar nossa imaginação, insistindo em destruir a distinção nós/eles, mesmo que momentaneamente, de modo a tentar entrar na mente ou no coração deles. Isso não é ciência, de fato, mas também não é científico recusar qualquer tentativa de compreender algo tão significativo. É verdade que os pesquisadores têm sido cautelosos, sempre cientes de que atribuir emoções e pensamentos aos animais pode ser complicado. *Como podemos saber de verdade?*, dizem eles. Por outro lado, muitos cientistas hoje concordam comigo quando digo que fomos excessivamente cautelosos no passado e que precisamos dar mais liberdade à nossa imaginação. Além disso — e aqui voltamos ao cerne de meu argumento —, os cães fizeram exatamente isso em relação à nossa espécie. Pode-se argumentar (ou, melhor, eu posso) que os cães, de fato, desenvolveram uma capacidade única de intuir nossos estados emocionais e mostrar empatia. A referência quase universal à maneira como um cachorro deita a cabeça em nossa coxa para olhar para nós provoca em todos que vivenciam isso uma espécie de excitação intelectual. Estamos testemunhando algo sem precedentes na história da humanidade.

Tenho consciência da ênfase nas passagens anteriores sobre cães, não gatos. Por quê? Acho que porque, embora eu não tenha absolutamente nenhuma dúvida sobre o amor que os humanos sentem pelos gatos, não tenho tanta certeza do amor que os gatos sentem pelos humanos. Carinho, sim. Amizade, sim. Mas tendo vivido por muitos anos com cães e gatos, não tive a mesma sensação de ser adorado por nenhum dos meus muitos felinos. Mas querido, sim. Eu poderia ir além e dizer que foi algo como o amor. Mesmo assim, parecia diferente do que eu recebia dos meus cães. Estou tentando ser honesto, mas hesito: pode ser erro meu, e não de meus gatos. Além disso, precisamos lembrar que os gatos só se juntaram aos humanos há relativamente pouco tempo em comparação com os cães, pois agora acreditamos que a relação dos cães com os humanos remonta a pelo menos 35 mil anos. Os gatos datam de respeitáveis nove mil anos, mas ainda não o suficiente para se tornarem uma coespécie, por assim dizer, dos humanos. Não ouvi ninguém dizer que evoluímos com os gatos, mas dizer isso sobre cães é praticamente um clichê hoje em dia.

No entanto, definitivamente nos conectamos aos gatos de maneiras muito profundas, como observei enquanto escrevia este livro, e a dor que sentimos quando eles morrem não é menor daquela que experimentamos por um cachorro. Eu jamais diria que um gato não pode ser tão próximo de um humano quanto um cachorro, embora muitas pessoas pensem isso — especialmente aquelas que não vivem há anos com um felino. E tenha em mente que geralmente vivemos mais tempo com um gato que com um cachorro, simplesmente porque os gatos vivem em média mais que os cães. Portanto, não é incomum encontrar alguém que vive com seu gato há vinte anos ou mais. O vínculo é íntimo e a dor correspondente é intensa quando a morte o quebra. No entanto, pode haver uma diferença, talvez atribuída à natureza mais solitária dos gatos ou à percepção de alguns de que os gatos nunca confiam *inteiramente* em nós como os cães. E dizendo isso, estou pensando em como os gatos morrem.

Posso estar errado, mas me parece que praticamos a eutanásia em gatos com menos frequência que em cães. Os gatos parecem morrer sozinhos, não só se isolando para o ato final, como já mencionei, mas às vezes fazendo isso à sua maneira, silenciosamente. É como se eles evitassem nos suplicar que façamos algo para ajudá-los a ir embora tranquilamente, como parece ser o caso com os cães; é como se já soubessem o que fazer. Por que isso acontece? Não sei, e talvez minha experiência seja limitada; por isso, ouvi respostas de leitores com mais conhecimento que eu. No próximo capítulo, examinarei mais de perto os gatos e a morte.

4

Gatos sabem mais sobre a morte do que suspeitamos

Até o menor felino é uma obra-prima.

Leonardo da Vinci

Os cães podem ser treinados para farejar o câncer, como todos já ouviram dizer, com muito mais precisão que o diagnóstico de qualquer especialista oncológico. O que não podemos saber com certeza é se eles sentem pena da pessoa cujo câncer detectaram. Isso os deixa tristes, ou é só uma brincadeira para eles, pela qual recebem uma recompensa quando detectam a doença? Difícil dizer. Embora seja verdade que cães farejadores de explosivos não atribuem nenhuma emoção ao que encontram, também é verdade que, depois do 11 de Setembro, os cães das equipes de resgate ficaram deprimidos quando não conseguiram mais encontrar sinais de vida. Não creio que possamos afirmar que isso aconteceu porque a "brincadeira" ficou menos interessante; acho que eles sabiam que estavam fazendo algo muito importante para os humanos. Da mesma maneira, pesquisadores se perguntam se os cães também podem sentir o cheiro de uma morte iminente. Isso não foi testado. Os gatos, por outro lado, ao que parece, podem farejar a morte. Pelo menos um gato pode. Isso não foi determinado por meio de testes, mas apareceu espontaneamente e chegou às manchetes internacionais.

Em 2007, o *New England Journal of Medicine* publicou um artigo de uma página do geriatra e professor assistente de medicina David Dosa, da faculdade de medicina da Universidade Brown, intitulado "Um dia na vida de Oscar, o gato". Era o relato de um gato de 2 anos que havia sido adotado ainda filhote pelo Centro de Enfermagem e Reabilitação Steere House em Providence, Rhode Island, uma clínica para pacientes com demência e Alzheimer. O que chamou a atenção internacional foi o "fato" de Oscar ter o estranho talento (se é que podemos chamar assim) de entrar no quarto de um paciente, sentar-se ao lado de sua cabeça, ronronar e esperar. Esperar o quê? A morte, que invariavelmente acontecia em poucas horas. Oscar visitava vários quartos todos os dias, mas só ficava no de alguém que estivesse prestes a morrer. Como ele sabia? Ah, essa é a pergunta de um milhão de dólares. Quando o artigo foi publicado em 2007, Oscar havia "oficializado" (é difícil encontrar as palavras certas para o que Oscar fazia) a morte de mais de 25 pacientes na instituição. Em 2010, eram cinquenta, e em 2015, cem! E invariavelmente ele acertava.

Oscar é um dos seis gatos da clínica, e nenhum dos outros tem a mesma habilidade, ou seja lá o nome que dermos para o que esse anjo da morte tem. É um lugar que aceita animais de estimação, e o andar onde ele mora (reina?) é uma unidade de 41 leitos que trata pessoas com Alzheimer, Parkinson e outras doenças em estágio terminal. As enfermeiras dizem que ele não é um gato amigável; rosna para as pessoas que ele acha que talvez queiram acariciá-lo (ele tem um trabalho importante a fazer!) e geralmente se mostra indiferente. Os médicos notaram Oscar pela primeira vez quando ele tinha apenas 6 meses de idade e iniciou sua missão. Quando ele sentou ao lado de sua 25ª morte, a equipe entendeu que podia ligar para a família no instante em que Oscar assumisse seu posto. Ao que tudo indicava, Oscar estava só dormindo, mas os funcionários ligavam para a família porque aquele maldito gato sempre tinha razão.

Três perguntas surgem imediatamente:

1. O que Oscar estava fazendo; ou mais provocativamente: o que Oscar achava que estava fazendo?

2. Como Oscar fazia isso?

3. Isso é verdade?

Para responder à terceira pergunta, uma autoridade médica respeitada, o oncologista Siddhartha Mukherjee, aclamado autor de *O imperador de todos os males: uma biografia do câncer* e, mais recentemente *O gene: uma história íntima,* tem certeza de que é verdade.* Certamente também há céticos que alegam que é só mais um exemplo de viés de confirmação, ou seja, queremos acreditar e, assim, ignoramos tudo que não confirme nosso desejo de acreditar: por exemplo, quantas vezes Oscar cochilou ao lado de alguém que estava bem no dia seguinte?

Vamos para a pergunta número um: que tipo de gato se aconchega a alguém que está prestes a morrer? Um gato compassivo? Esquisito? Malvado? (Alguns — poucos, espero — pensaram que ele era o responsável pelas mortes.) Ou só um gato que queria um lugar tranquilo para tirar uma soneca? Tenho que interromper minha narrativa aqui: anos atrás, eu tive uma febre alta, e a mulher com quem eu vivia na época não gostou dos meus gemidos e resmungos e me mandou para um silencioso corredor onde eu poderia ficar deitado e gemendo sem que ninguém me ouvisse — ninguém além de meu gato Yogi (tenho a tendência a usar o mesmo nome em animais diferentes, quando gosto dele). Yogi não só me ouviu, mas também se aninhou em cima de minha barriga e ninguém podia

* "Esse gato sentiu a morte. E se os computadores também pudessem sentir?", *The New York Times,* 8 de janeiro de 2018. Disponível em: <https://www.nytimes.com/2018/01/03/magazine/the-dying-algorithm.html>.

tirá-lo de lá. Fiquei emocionado (felizmente, naquele momento eu não tinha ouvido falar de Oscar e sua notória habilidade, ou teria ficado alarmado), pensando como isso mostrava que Yogi era um amigo melhor que minha namorada (em retrospecto, acho que eu tinha razão). No entanto, e odeio admitir isso, agora estou disposto a tolerar a crença de que Yogi simplesmente queria um lugar confortável e quentinho para deitar, e com minha febre alta, eu era o melhor lugar disponível.

Portanto, agora chegamos ao aspecto mais controverso da história, a pergunta número dois. A maioria dos médicos que opinou sobre o caso notou que Oscar farejava o ar ao entrar no quarto; portanto, acreditam que ele era capaz de detectar um odor (talvez emitido por células em processo de morte) que era indetectável aos humanos. Essa é uma explicação popular, porque todos nós gostamos de pensar que os animais têm acesso a conhecimentos que vão além dos humanos. Sensores de terremoto? Indicadores de tsunami? Eu não descarto isso. Mas temos que levar em conta o fato de que nenhum outro gato jamais foi conhecido por fazer isso. Eu sei, os amantes de cães têm uma explicação perfeitamente razoável: todos os gatos são capazes de fazer isso, mas para que se dar o trabalho?

Mas vamos voltar ao Dr. Mukherjee por um momento. Ele concluiu seu artigo com estas palavras:

> Mas não consigo me livrar de certo desconforto inerente à ideia de que um algoritmo pode compreender os padrões de mortalidade melhor que a maioria dos humanos. E por que, eu me perguntava, esse algoritmo pareceria muito mais aceitável se viesse coberto de pelos pretos e brancos que, em vez de prover informações probabilísticas, se aninhava ao nosso lado com as garras retraídas?

Em outras palavras, sim, é provável que possamos inventar uma máquina que saiba mais sobre a morte iminente que qualquer médico, mas não gostamos da ideia. Queremos que um gato faça isso! E tenhamos em mente que o algoritmo pode prever a morte em alguns meses. A previsão do gato Oscar era de algumas horas.

Portanto, como um amante de gatos, mas cético em relação à capacidade de qualquer pessoa de prever a morte (até mesmo os médicos), estou diante de um dilema interessante com essa história. Quem a ouve pela primeira vez acredita nela, porque é bom pensar que os gatos possuem poderes místicos — e vamos combinar, isso é algo muito inebriante; uma ideia estranha, para dizer o mínimo. Se os principais médicos e os computadores mais bem calibrados (alimentados com os algoritmos mais sofisticados) não podem dizer que alguém vai morrer em uma determinada noite, como um gato poderia?

E se um pode, por que não todos? Ou se todos os gatos podem, por que não o fazem? E devemos tratá-los melhor e respeitá-los mais? Sim, de fato. Gosto de pensar que a adoção de gatos disparou quando o artigo foi publicado pela primeira vez. Como poderíamos permitir que gatos fossem mortos se sabiam quando morreríamos, e poderiam até ser persuadidos a nos dizer, e até nos dar alguns momentos de conforto final? Além disso, o que mais eles seriam capazes de fazer? Mostrar-nos como evitar a morte?

E se descobrirmos que os gatos podem olhar para nós e saber quando vamos morrer? E aí? Como poderemos persuadi-los a nos informar — ou, ainda mais urgente, a *não* nos dizer? Vou sair correndo para arranjar um gato para mim ou mostrarei a porta da rua ao meu felino silencioso e dorminhoco? Da próxima vez que estiver em um jantar, conte essa história e veja o que os presentes dizem. Você ficaria surpreso com o número de pessoas que acreditam que os gatos são superiores a nós. Sempre afirmei que muitos animais têm emoções muito mais poderosas que as nossas, portanto, não acho impossível acreditar que os gatos podem "sentir" a morte e, como são seres muito educados, optam por guardar a informação para si mesmos.

Brinquei um pouco, mas essa história realmente gera algumas questões muito sérias e interessantes. Como mencionado anteriormente, os cães podem farejar o câncer muito melhor que qualquer médico ou máquina. Mas o câncer é uma doença. O que é essa morte que Oscar pode farejar? Ele sente o cheiro de algo físico ou apenas "sabe" que o fim está próximo? E além de tirar um cochilo depois de fazer sua descoberta, que efeito isso tem sobre ele? É difícil saber. Muitos diriam que ele não está nem aí, mas também é possível que muitos estejam errados sobre a indiferença dos gatos à morte, e Oscar e seus companheiros felinos saibam de algo que "ultrapassa a compreensão humana".

Sim, é possível que Oscar saiba algo sobre a morte, mas seria um exagero dizer que ele está tentando confortar os moribundos? Não necessariamente. Mas até onde podemos relacionar gatos e saúde humana? Podemos concordar com a opinião médica de que o ronronar tem um efeito calmante sobre os humanos e aumenta seu bem-estar. Não creio que possamos esperar muita controvérsia aqui. A pesquisadora Leslie Lyons, principal cientista do Laboratório de Genética Felina e Medicina Comparada da Faculdade de Medicina Veterinária da Universidade de Missouri, observa que "o ronronar de um gato reduz o estresse; acariciar um gato que ronrona tem um efeito calmante. Diminui os sintomas de dispneia (dificuldade de respirar) em gatos e humanos. Também diminui a pressão arterial e reduz o risco de doenças cardíacas. Os tutores de gatos têm 40% menos risco de ter um ataque cardíaco".*

Mas e se disséssemos que os gatos gostariam de salvar a vida dos humanos? Jura? Você tem alguma evidência? Na verdade, existem

* Biloine W. Young, "Is There Healing Power in a Cat's Purr?", *Orthopaedics This Week*, 22 de junho de 2018.

algumas histórias de gatos que tentam acordar um ser humano quando uma casa está pegando fogo, mesmo tendo uma porta de gato e podendo simplesmente sair sozinhos. Mas até onde um gato irá para ajudar um humano? Receio que não tão longe quanto um cachorro. Existem cães-guia, mas não gatos-guias, e acredito que se alguém, em uma das Torres Gêmeas, tivesse um gato, ele teria sumido em um piscar de olhos sem levar seu amigo humano escada abaixo, como fizeram pelo menos dois cães-guia, Roselle, que guiou Michael Hingson desde o 78º andar, e Salty, que levou Omar Rivera do 71º até o térreo. Mas notemos que nenhum desses cães voltou àqueles edifícios para resgatar outros. Portanto, a história que viralizou na internet da golden retriever chamada Daisy, que supostamente voltou três vezes para resgatar mais de novecentas pessoas do WTC, é, infelizmente, pura ficção, mas uma bela história. E para defender os bichanos, existem inúmeros relatos de gatos que enfrentaram um prédio em chamas várias vezes para salvar seus filhotinhos. Observe bem: bebês gatinhos, não humanos.

Não está comprovado se cães ou gatos sabem que humanos morrem, ou melhor, que eventualmente morrerão. Nem sequer está comprovado se eles sabem que *eles* também vão morrer. Isso não significa que não tenham medo da morte quando esta se aproxima ou é certa. Eles provavelmente não gastam seu tempo pensando nela com antecedência. Do jeito que eu faço.

Enquanto escrevia, percebi que estou tentando soar como especialistas, sendo que, na verdade, eles não existem. É como se alguém dissesse que é mais provável que as mulheres, não os homens, salvem um ser humano de um prédio em chamas. Ou que as pessoas, em geral, não se importam com o que acontece com os outras em um desastre, só consigo mesmas (gatos). Você contestaria corretamente: "Espere aí! Que generalização absurda! Só porque *você* não testemunhou algo pessoalmente acha que não acontece? Não sabe que pessoas são diferentes, e o que uma faz outra pode não fazer? Algumas pessoas arriscarão a vida para salvar estranhos de afogamentos ou incêndios, ou de algum outro perigo, enquanto outras não."

Cada um de nós conhece apenas uma pequena porção de *todos* os humanos, e não importa quão cultos sejamos, ainda temos conhecimento limitado. Quando temos uma visão histórica mais ampla, percebemos que aquilo em que acreditávamos firmemente há cerca de cinquenta anos não é mais verdade. Como já foi amplamente discutido, não faz muito tempo que era considerado fácil compilar uma lista de qualidades que eram exclusivas aos humanos: uso de ferramentas, transmissão cultural, linguagem, complexidade emocional, empatia, capacidade de enganar, apreciação da arte (gosto estético), arquitetura etc. Uma a uma, essas chamadas habilidades exclusivamente humanas foram submetidas a uma observação ou pesquisa mais cuidadosa. É até possível que alguns animais tenham noção religiosa. Portanto, estou ciente de que quando digo que os gatos não fazem isso, ou os cães não fazem aquilo, estou falando de uma perspectiva muito limitada. Considere minhas palavras não como evangelho ou certeza científica, mas simplesmente como um meio para engendrar uma discussão.

Digo isso não só a respeito das habilidades, como também com plena consciência de que cada gato ou cachorro é único em personalidade, tanto quanto os humanos. Mas confesso: é difícil não esquecer isso de vez em quando. Esta manhã, uma mulher e seu filho de 9 anos foram se consultar com minha esposa e levaram um cachorrinho de 13 semanas. Ele estava em uma bolsa de transporte e tinha certeza de que no instante em que o soltassem, lamberia minha mão, abanaria o rabo furiosamente e demonstraria estar animado por me ver e a todos os outros que fossem dar uma olhada nele. Alguns bebês são assim, mas muitos não são. No entanto, tenho certeza de que não estaria errado se dissesse que, essencialmente, *todos* os filhotes de 13 semanas se comportarão de um jeito muito parecido. Eles foram *feitos* para mostrar alegria e nos conquistar.

Todos eles. É verdade que crescem e se transformam em cães muito diferentes, dependendo de circunstâncias posteriores, mas, quando filhotes, todos têm essa *joie de vivre* completamente irresistível (cães mais velhos também têm, mas nenhum outro animal, em minha experiência limitada, tem tanto quanto um filhote; quase todos os que conheci, e já conheci muitos). E isso é um mistério da evolução. Sim, conheço a teoria de que *todos* os filhotes de animais são adoráveis para melhor garantir que seus pais gostem de estar com eles e queiram cuidar deles, mas eu me pergunto se não são só os humanos que veem os filhotes de cães dessa maneira. Outros animais também os veem assim? Às vezes, claro, os jovens são alvos de predadores, de modo que isso não pode ser universalmente verdadeiro. Mas pelo que ouvi falar sobre os elefantes, parece provável que eles respondam aos filhotes pequenos, indefesos e fofos com algo semelhante ao prazer ou, de qualquer maneira, sem agressão.

Gatinhos são umas gracinhas também, mas de um jeito diferente. Eles são uma graça, especialmente quando estão brincando entre si, mas não respondem aos humanos com o mesmo alegre abandono que os cachorros. Mesmo quando filhotes já são mais contidos, mais dispostos a fazer tudo sozinhos.

Se você não responder a um filhote de cachorro, ele se espantará. Ficará perplexo, inseguro, como se dissesse: "O que isso significa?" O filhote espera que você brinque com ele, e raramente é rejeitado.

Acredito que os parágrafos anteriores ajudam a explicar por que somos perdidamente apaixonados por cães e gatos. A vida toda deles, do início ao fim, é projetada para nos fazer adorá-los (aprendemos muito recentemente que os cães desenvolveram até uma maneira de usar as sobrancelhas para despertar nossa preocupação. Talvez em breve descubramos algo semelhante nos gatos). Desde o primeiro dia, eles nos trazem alegria em forma quase pura. Ser privado dessa experiência única por causa da morte é um choque. Quando perdemos seres humanos amados, podemos olhar para trás e ver uma vida de ambivalência. Mas não é assim com cães e gatos. Do que poderíamos acusá-los?

Talvez a pergunta principal que esteja na cabeça da maioria das pessoas (pelo menos nas que pensam nessas coisas) é se quem ama gatos fica tão desolado quando eles morrem quanto quem ama cães. A resposta obviamente é "sim", e basta olhar brevemente na internet para encontrar exemplos que vão convencer até mesmo o mais cético de que temos fortes vínculos com os gatos e sentimos profundamente quando eles morrem. Na verdade, algumas pessoas afirmam que o processo de luto é ainda mais intenso pela simples razão de que geralmente vivemos mais com um gato do que com um cachorro — porque, em média, gatos vivem mais que cachorros. Não é incomum alguém passar vinte anos com um gato. As pessoas costumam falar de "velhas solitárias, cuja única companhia é um gato" como se houvesse algo patológico em ser velha, ou ser mulher ou viver com um gato. São laços profundos, e nunca é correto questioná-los, zombar ou menosprezá-los de jeito nenhum. Lembre-se de que talvez esses dois indivíduos estejam juntos dia e noite há muito tempo. Isso cria sentimentos fortes. Quando um gato morre após essa intimidade, pode realmente mudar uma vida. Se essa mulher é sua amiga, esteja ao lado dela e deixe-a contar histórias sobre seu gato. Devem ser fascinantes. Não a julgue, pois parecerá um babaca.

Do que sentimos falta em um gato? Bem, por um lado, eles estão sempre presentes; é raro um gato não nos cumprimentar quando entramos em casa com o equivalente a "Oi, onde você esteve?ᵒJá era hora de estar em casa!" E nunca deixa de nos surpreender que essa criatura basicamente selvagem esteja habitando nossa casa. Que honra! Sentimos falta da sensação de termos sido escolhidos para compartilhar a vida desse animal, e da pura elegância dele que tem um toque tão leve (acostumados a se esgueirar pela selva sem ser vistos e ouvidos). Eles se deitam em nosso colo e, quando temos sorte, até dormem conosco. Pode haver poucos prazeres mais intensos que dormir com um gato. Eles esticam o corpo ao longo do nosso, e então vem a magia: o ronronar de cura. E depois adormecemos, sabendo que um animal visto como "selvagem" confia em nós o suficiente para adormecer em nossos braços. Como não sentir tão intensamente falta de algo assim? Há apenas um remédio para a perda de um gato (e sei que isso pode demorar), que é ir ao abrigo mais próximo e adotar outro que precise de você tanto quanto você dele. Depois de viver com um gato, é muito difícil viver sem um. Eu sei bem, vivi com dezenas de gatos ao longo dos meus 79 anos, e agora que moramos em Sydney e precisamos viajar muito, descobri que não posso ter outro gato. Isso dói. Estou procurando uma solução criativa, talvez um gato "compartilhado". Na Espanha, satisfiz minha vontade de estar perto dos bichanos visitando a colônia de gatos selvagens na praia todos os dias. Mas eu sentia falta da intimidade de dormir com um gato. Poucos prazeres na vida equivalem a essa experiência.

Algo que eu aprendi ao pensar sobre gatos e a morte é quão pouco sabemos sobre a morte de outros animais (alguns diriam que também não sabemos muito sobre nossa própria morte). Talvez os animais tenham uma percepção melhor do que julgamos ser possível. Viver com gatos e pensar sobre eles me ensinou como somos ignorantes sobre seus diferentes tipos de conhecimento. Obviamente, Oscar sabia de algo que ninguém mais sabia nem poderia saber. Oscar foi único, ou os gatos escondem seus segredos? De qualquer forma, precisamos prestar muita atenção a esses minitigres que se dignam a agraciar nossa vida com sua presença.

5

A hora da morte

Seu animal de estimação não sabe o que estamos fazendo ou por quê; ele só sabe que você está lá, dizendo que está tudo bem, que o ama.

Um veterinário

Devo dizer que, em geral, não sou muito fã de eutanásia. Digo "em geral" em referência a humanos. As razões não são tão complicadas: já li muito sobre os assassinatos de pacientes com transtornos mentais pelo Terceiro Reich durante a Segunda Guerra Mundial, e não é um assunto agradável. Também comecei a acompanhar os debates sobre a eutanásia na Holanda, na Bélgica e nos Estados Unidos. E não gostei do que descobri — em particular, sobre o movimento na Bélgica para permitir a eutanásia para crianças deprimidas. Mal pude acreditar nisso, de modo que li com mais atenção e, quanto mais lia, mais chocado ficava. Um artigo de Rachel Aviv na revista *The New Yorker* (22 de junho de 2015)* relata o trabalho controverso do oncologista Wim Distelmans, defensor entusiasta da eutanásia

---

* Aviv, Rachel. "The Death Treatment", *The New Yorker*. Disponível em: <https://www.newyorker.com/magazine/2015/06/22/the-death-treatment>.

em casos muito duvidosos, incluindo crianças com a chamada depressão terminal — ou seja, depressão "resistente ao tratamento".*

Imagine se todas as vezes que tivéssemos uma doença resistente ao tratamento fôssemos candidatos à eutanásia! A questão é que Distelmans também é copresidente do conselho de certificação do governo (Comissão Federal para Eutanásia), que decide quando a eutanásia é pertinente. Essa comissão ainda não decidiu contra a eutanásia em nenhum caso. Dado que Distelmans também administra um instituto que oferece eutanásia, isso é, no mínimo, um conflito de interesses. Fico feliz por poder dizer que ele foi amplamente criticado em quase todos os lugares por levar um grupo de psiquiatras a Auschwitz para "contemplar" a eutanásia. Certamente, o local onde se matavam pessoas que, aos olhos dos nazistas, levavam "uma vida que não valia a pena" é um lembrete gritante dos horrores da eugenia nazista e letal. Mas para Distelmans, que levou setenta "profissionais da saúde", médicos, psicólogos e enfermeiras, todos interessados na eutanásia, ao campo de concentração em 2013, foi "um local inspirador para organizar um seminário e refletir sobre essas questões para que possamos considerar e desfazer confusões". Incluindo, é lógico, elucidar o que exatamente ele estava fazendo nesse tour pelo local mais macabro do mundo.

Felizmente, esse não é um tópico que precisamos considerar quando se trata de nossos amados animais (mas eu o levantei por uma questão de cautela). Pelo menos, nunca ouvi falar de alguém pensar na eutanásia de um cão ou gato porque o animal estava deprimido. Não, não sacrificamos nosso cachorro ou gato porque ele parece deprimido; tentamos descobrir o que os está deixando tristes e eliminamos o problema. Mas deixar os cães felizes é tão fácil que nem falarei disso; basta *estar* com eles. (Se cães deveriam tomar antidepressivos é um assunto muito distante do interesse deste livro.

* Esses casos são raros, mas o fato de existirem é motivo de preocupação.

Basta dizer que não sou a favor de medicamentos para cães, gatos ou humanos. Dieta, suplementos, exercícios, são opções melhores para nós e para eles. Sei que esse não é o tratamento padrão, mas tenho muito cuidado com todas as drogas psiquiátricas, principalmente por causa dos efeitos colaterais, que podem ser devastadores.)

No entanto, talvez chegue um momento em que você sinta que o fim se aproxima. É bom pensar que ele dificilmente vai se anunciar, que vai se passar um dia e seu cachorro vai dormir bem ao seu lado como de costume, mas quando você acordar, ele não estará mais respirando. Isso poderia ocorrer, em tese, mas raramente acontece. Com muito mais frequência, ele experimenta um declínio lento. Você pega a coleira, o que significa "passeio", e, em vez de correr para a porta e fazer a dancinha da felicidade, ele encara você com olhos tristes: "Hoje não, mas obrigado por pensar em mim." E então, você percebe que ele não é preguiçoso nem teimoso, mas que está com dor. Ele não é chorão, então não faz barulho, mas você sabe que a força física dele está começando a diminuir. Às vezes, esse é um processo muito lento e você testemunha cada pequena mudança; mas, em outras ocasiões, parece surgir do nada. O animal que você sempre conheceu de repente é outro; ou melhor, é o mesmo, mas com limitações que você nem sabia que existiam.

Então, o que você faz quando não está com pressa de marcar a consulta final com o veterinário? Você usa minha expressão médica favorita: *espera vigilante*. Mesmo se você souber que o caso é terminal, espere. Esse período pode ser longo e satisfatório para vocês dois; muitos abraços, muitas expressões de amor, muito tempo juntos. Longas noites de inverno enrolados na cama, os olhos sempre fixos em você. Não podendo mais sair de casa, o mundo dele encolhe: de repente, você é o mundo, você se torna tudo dele. Ele não reclama, apenas compensa, e essa compensação assume a forma de adoração. Ele o adora não porque de repente precisa de você, e sim porque essa é a natureza dele, assim ele foi feito. Mas nessas circunstâncias alteradas, você pode perceber mais facilmente ou, digamos, isso se manifesta de uma forma ainda mais pura. Para algumas pessoas, e certamente para muitos cães, esse é o pico do relacionamento, aquele que vem pouco antes do fim. Há um vídeo comovente de um jovem e seu cachorro que desenvolveram câncer ao mesmo tempo, e eles se apoiavam com amor — um tipo de amor único e diferente do que recebiam de qualquer outra pessoa. Nos mais de mil comentários (quase dois milhões de pessoas assistiram a esse vídeo de sete minutos) podemos ver como todos ficaram emocionados com essa história. Quase ninguém conseguia parar de chorar.*

Seu animal vai lhe avisar quando for hora de deixá-lo ir? Nem sempre; ele se apega a você tanto quanto você a ele. Ele não quer perdê-lo assim como você não quer que ele se vá. Então, como saberemos quando chegou a hora? A resposta honesta é que não sabemos, mas há uma parte importante: ninguém sabe. Portanto, levar seu cão a um veterinário, especialmente se você não o conhecer bem, pode não ser a solução, pois a resposta que receber pode estar incorreta. É lógico que existem pistas, e cada um tem seus próprios alertas. Por exemplo, e se o cachorro tiver incontinência? Eu diria que isso não é só um alerta. Digo isso por experiência direta e imediata. Como mencionei antes, nosso filho Ilan está em Berlim enquanto escrevo estas linhas. Ele está morando com Benjy, nosso amado labrador amarelo sobre quem escrevi *The Dog Who Couldn't Stop Loving* [*O cão que não conseguia parar de amar,* em tradução livre]. Benjy ainda faz passeios de duas horas com Ilan pelos parques de Berlim, e quanto mais frio, mais feliz se sente. Mas ele começou a sofrer de incontinência urinária, e não só em casa. Como ele dorme com Ilan, como sempre desde que os dois eram novinhos, às vezes meu filho acorda e encontra a cama suja. Não é divertido, concordo, mas nem para mim nem para Ilan isso é um sinal do fim. Dá para limpar, usar fraldas para cães,

* "Denali - A Tribute to Man's Best Friend". Disponível em: <https://youtu.be/P2zQbsEGh_Q>.

esteiras de borracha, plástico, uma grande cama de cachorro fácil de limpar em cima da cama humana. Nada mais que um problema a ser resolvido (e um primeiro sinal, é verdade). Então, sim, é verdade que Benjy está lentamente chegando ao ponto em que não será mais o cachorro que era, exceto quando se trata de amar. Ele ainda tem uns ataques de velocidade, especialmente em um parque novo, mas, no geral, já desacelerou consideravelmente. Ilan não sabe se andar é doloroso para Benjy ou se ele simplesmente não tem forças. Ele sai todos os dias pelo menos três vezes e gosta de ficar ao ar livre, mas a mudança é óbvia: ele agora é um cão muito velho para um grande labrador retriever dourado. É extremamente doloroso para Ilan passar por esse processo, e ele me procura em busca de orientação: "Pai, como vou saber que chegou a hora? E estou avisando com antecedência, pai, que você e mamãe terão que vir a qualquer momento da Austrália para estar comigo quando eu tiver que levar Benjy pela última vez ao veterinário. Não posso fazer isso sozinho." Ele está certo, mas não será mais fácil para mim nem para Leila. Nunca estive presente para algo assim com nenhum dos meus muitos animais, e não sei como vou reagir. Puppy morreu em meus braços, Taffy foi envenenada, Misha morreu calmamente dormindo. Eu estava em Berkeley quando meu pai morreu em Los Angeles, e na Austrália, quando minha mãe morreu na Nova Zelândia. Com exceção de Puppy, não estive presente em uma única morte em todos os meus 79 anos. Estranho. Não posso dizer que estou ansioso para testemunhar o último momento de meu amado companheiro. Deve ser uma sensação esquisita. Sei que algumas pessoas a descrevem como pacífica e ficam felizes por estar presentes, e é óbvio que seu amigo quer que você esteja ali (estou pensando no veterinário que disse que os cães procuram o companheiro no último momento); só acho avassaladora a perspectiva de estar presente no último momento da vida de nosso amigo.

Mesmo que você concorde comigo que perder o controle dos intestinos não é tão grave, o que acontece quando os sinais apontam para algo que é de fato mais sério? Não está comendo? Está sentindo dor? Não bebe mais água? Não consegue se levantar? Não consegue andar? Muito mais sério, concordo, mas minha esperança nesse momento (que chegará nos próximos um ou dois anos, com certeza) é não ter que dar um passo unilateral. Benjy não consegue me olhar e dizer que está na hora, nem posso confiar em mim o suficiente para interpretar seu olhar como sendo isso. Portanto, espero que ele simplesmente não acorde uma manhã. Ilan vai acordar, mas Benjy não. Ilan ficará inconsolável, mas terá sido poupado da perspectiva do sofrimento de Benjy *e* de tomar a decisão de dar-lhe uma injeção letal. Sei que muitos dos meus leitores acharão que dar uma injeção letal em Benjy seja a solução mais gentil, e talvez a mais corajosa, mas devo dizer que não consigo imaginar isso. Simplesmente não me vejo colocando a cabeça de Benjy no colo, observando-o olhar para mim com total confiança e, a seguir, acenar para o veterinário ir em frente e lhe dar a injeção. Simplesmente não vejo como poderia suportar isso. Para mim, não é como um parente querido que me implorou que fizesse exatamente isso; é um cachorro que não pode consentir. A decisão tem que ser minha, e não sei o que ele diria se pudesse. Talvez sim, ele dissesse que a hora chegou. Mas talvez, ele me implorasse para esperar só mais um dia, ou uma semana. Talvez ele também pense em simplesmente não acordar e, assim como eu, preferisse isso. Fico meio desconfortável com a facilidade com que algumas pessoas parecem levar um cachorro ou gato a uma última consulta com o veterinário. Digo algumas porque percebo que, para a maioria das pessoas, essa é uma das decisões mais difíceis da vida. Há ocasiões em que é egoísmo fazer isso e outras em que é egoísta não fazer. Se ao menos alguém pudesse discutir isso com o animal... Eles obviamente têm a resposta, mas não as podem dar. Algumas pessoas me dizem que seu animal as avisou que chegou a hora, mas, para mim, o problema é que nunca podemos ter certeza de que tomamos a decisão certa no momento certo. É difícil encontrar ajuda para isso, é quase como se fosse o fardo que assumimos quando levamos um animal para casa. Mas não vejo mal em perguntar a outras pessoas próximas a seu animal o que pensam. Porém, a decisão você tem que tomar sozinho. Uma vez que fica claro que o sofrimento físico é intenso e não pode melhorar, e que não há mais nada a tentar, é hora da terrível visita ao veterinário. Mas, às vezes, tenho medo de que isso aconteça cedo demais. Um dos motivos pelos quais hesito em defender a eutanásia (exceto, é lógico, quando a agonia física se torna insuportável para seu animal, mesmo que seja difícil e às vezes impossível de estabelecer isso) é minha experiência com minha mãe.

Ela sofria de demência grave. Viveu até os 97 anos e morreu exatamente da maneira que espero para Benjy. Fechou os olhos e não os abriu de novo. Certa vez, alguns anos antes, quando vi a devastação que sua demência provocava, perguntei se ela gostaria de morrer. Ela pareceu totalmente chocada: "Absolutamente não!" foi sua resposta vigorosa. E, na verdade, embora eu achasse extremamente deficiente sua qualidade de vida, não sei se ela achava o mesmo. Ela era feliz quase o tempo todo, ria com frequência de suas próprias piadas e sorria muito; eu sofria, mas ela não. Ela mal conseguia andar, comia pouco, mas eu não podia entrar na cabeça dela para julgar sua qualidade de vida. Jamais teria permitido que um médico acabasse com a vida dela. Talvez minha reação fosse diferente se eu soubesse que ela estava sofrendo uma dor insuportável, e isso também é verdade para os animais. A dor intratável é algo que não se deseja para ninguém, humano ou não.

Espero algo semelhante para Benjy, mas se você discorda de mim, só posso encorajá-lo a pelo menos pensar em deixá-lo passar os momentos finais em casa, onde seu cão ou gato está mais confortável, e não em um consultório frio e, acima de tudo, não com um veterinário que eles não conheçam. Não gosto muito de rituais humanos (apesar de ter sido persuadido por meu editor a adicionar um capítulo sobre isso para animais), mas recomendo que o último dia seja cheio de rituais que seu cão entenderá: os brinquedos favoritos, o lugar favorito, muitas carícias e conversas amorosas, petiscos, pessoas aparecendo para se despedir, inclusive outros animais que foram amigos. Talvez você ache que é muito difícil para o animal ser forçado a interagir com os outros, que talvez ele deva estar cercado apenas por parentes próximos. Mas não importa quão maravilhosos sejam esses momentos, aquele que você teme chegará. Não posso lhe dizer como passar por isso porque não sei. Se servir de consolo — e deveria servir — seu cão ou gato não sentirá nenhuma dor. Mas tenho medo de ver os olhos de Benjy quando ele me olhar pela última vez, talvez compreendendo que não vai me ver de novo. Mas com certeza ele não pensará assim. O mais provável é que ele acredite que só vai dormir e que, quando acordar, estará de novo na cama comigo, e lamberá meu rosto como sempre faz e estaremos juntos. Gostaria de pensar assim também.

Uma amiga, Jean Frances, me enviou este relato sobre a perda de seus dois gatinhos. Achei o sonho especialmente impressionante:

> Adotei Kitty quando um amigo de um amigo morreu de câncer. Quando Kitty tinha cerca de 15 anos, teve problemas renais. Depois de cerca de uma semana de internação intensiva, disseram-me que ele não estava respondendo ao tratamento. Eu não queria desistir, então eles me ensinaram a continuar os tratamentos em casa — incluindo infusões subcutâneas de fluidos especiais. Aquela primeira noite foi uma luta para nós dois. Kitty costumava dormir na minha cama, mas quando tentou subir, não conseguiu. Eu queria puxá-lo para cima, mas tive medo de que ele não conseguisse subir e descer de novo se precisasse ir ao banheiro ou qualquer coisa. Eu havia arrumado uma cama para ele na cozinha, que ficava perto de sua comida e da caixa

de areia. Quando ele foi para lá, ouvi o que agora sei que foi um ruído próprio da morte. Na manhã seguinte bem cedo, fui para a cozinha e Kitty parecia estar descansando. Então, ele começou a ter convulsões e eu senti que estava morrendo. Não sabia o que fazer porque o veterinário ainda nem estava aberto. Então, bem diante dos meus olhos, Kitty estremeceu e, com um uivo alto, libertou seu espírito. Eu me senti tão impotente! Fiquei ali paralisada vendo-o morrer. Prometi a mim mesma que não submeteria minha outra gata, Sweetie Pie, a uma provação prolongada quando sua hora chegasse. Achava que por não ter sido capaz de aceitar a inevitabilidade da morte de Kitty, eu havia permitido que ele passasse por um trauma prolongado e desnecessário. Sweetie Pie continuou a viver uma vida longa e felpuda. Mas, quando ela estava com 19 anos, sua saúde também começou a piorar. Ela perdeu muito peso, teve problemas de tireoide, glaucoma e infecção crônica nos olhos e ficou com incontinência urinária. Nenhum tratamento parecia funcionar e ela continuou perdendo peso. Vários amigos pensaram que eu deveria ajudá-la a morrer, mas eu não queria. Um amigo me aconselhou a não colocar minhas necessidades na frente das de Sweetie Pie. Outro achava que a dignidade dela estava em jogo por causa de sua incontinência, e que ela preferia morrer. Mas eu não conseguia ver as coisas assim. Sem saber o que fazer, orei por sabedoria e lucidez para saber o que era certo.

Na noite seguinte, tive um sonho estranho, mas elucidador. Sonhei que havia levado Sweetie Pie à igreja para uma bênção, mas acabara deixando-a lá para o destino final. Depois que saí eu me senti péssima e voltei à igreja, porque não havia tido a chance de me despedir de verdade. Quando cheguei, disseram-me que Sweetie Pie já havia sido levada para outro lugar para o momento final. Fui ao local correndo, esperando chegar a tempo. Estranhamente, o lugar não era um veterinário normal; também servia como pátio de demolição de automóveis. Implorei para vê-la, temendo que já houvesse partido, mas ela ainda estava viva, e a levaram até mim. Eu queria pegá-la no colo e lhe dizer que ia interromper a vida dela por ela, para que ela não sofresse. Mas quando olhei sua carinha, ela ficou muito feliz em me ver, porque achou que eu havia ido salvá-la. Não aguentei dizer essas palavras a ela, dadas as circunstâncias, e acordei chamando seu nome. Ela estava deitada ao pé de minha cama e miou docemente em resposta. Fiquei muito feliz e tive a certeza que a hora dela não havia chegado.

Nos dois meses seguintes, a saúde de Sweetie Pie continuou piorando. Ela fez mais exames e fui a outro veterinário para ter uma segunda opinião, mas, infelizmente, as notícias não foram animadoras. Disseram-me que morrer naturalmente seria doloroso para Sweetie Pie, mas eu tinha dificuldade para saber quando devia desistir e marcar a consulta. O novo veterinário decidiu tentar outra intervenção, mas demoraria algumas semanas para ver se teria sucesso. Marquei uma consulta provisória para a eutanásia, mas com a esperança de que se Sweetie Pie se recuperasse, acabasse sendo para um check-up regular.

Cerca de uma semana depois, acordei e vi Sweetie Pie deitada ao meu lado. Ela tentou se levantar, mas não conseguiu. Não tinha forças. Olhei para ela e soube. Minha gata não estava doente, estava morrendo. Eu a carreguei para a cozinha para comer e beber e ela bebeu um pouco, e tive que carregá-la de volta. Marquei a consulta para o dia seguinte. Quando acordei naquela manhã, eu a carreguei mais uma vez para a cozinha e a sentei na frente de sua tigela de água, mas, dessa vez, ela não conseguiu nem levantar a cabeça. Começou a cair para frente sobre a tigela. Felizmente, a consulta era para dali a uma hora, e a amiga que cuidava dela quando eu viajava foi ao veterinário conosco. Estava chovendo; enrolei Sweetie Pie em uma toalha nova e a levei no colo. O veterinário foi muito compreensivo e me permitiu segurá-la durante todo o processo. As últimas lembranças de Sweetie Pie foram abraços e beijos.

Eu tinha uma caixa especial preparada para ela com uma toalha limpa e uma rosa. Voltamos para minha casa e a enterramos ao lado de minha casa, e agora há uma roseira crescendo naquele lugar.

Essa história ilustra como é complicado e angustiante sermos responsáveis por tomar a decisão final. Naturalmente, os veterinários são autoridades no assunto, mas temo que alguns deles, estando tão perto da morte e constantemente envolvidos na administração da eutanásia, nem sempre sejam tão sensíveis ao fato de que o animal ali foi profundamente amado e fará muita falta, e nenhuma decisão é mais importante que a que está prestes a ser tomada. Nunca é uma boa hora para um amigo animal morrer, mas algumas são melhores que outras. Se ao menos pudéssemos ter certeza de que reconhecemos o momento certo...

Ainda acredito que, no fim, o mais importante para nosso bichinho é que estejamos lá, se possível. Tendo dito isso, preciso explicar como Benjy foi morar em Berlim enquanto nós estamos em Sydney, Austrália. Quando levamos Benjy conosco para Berlim, há dois anos, achávamos que moraríamos lá permanentemente. Mas acontece que tivemos que voltar à Austrália após um ano. Naturalmente, queríamos trazer Benjy de volta para ficarmos todos juntos. Mas nosso veterinário em Berlim explicou que, na idade dele, uma viagem de quase quarenta horas poderia ser fatal. Ele não poderia, em sã consciência, dar-nos um atestado que permitisse a viagem. Além disso, mesmo que Benjy pudesse viajar, uma vez na Austrália, ele precisaria ficar em quarentena em outra cidade, Melbourne, por algumas semanas. Concordamos que ele provavelmente não sobreviveria a tudo isso. Como já expliquei, ele não está com um estranho; pelo contrário, está com seu melhor amigo, nosso filho Ilan, que o conhece a vida toda. Eles estão felizes por estarem juntos, mesmo Benjy não sendo mais o mesmo. Leila e eu pretendemos ir a Berlim para nos despedir. Não será fácil; nunca é, quando se trata de dizer adeus aos nossos amados amigos animais — tornei-me plenamente consciente disso ao escrever este livro.

6

Lamentando a morte de um amigo selvagem

Luto é o preço que todos pagamos em nome do amor.

Colin Murray Parkes

E a morte de um animal que não foi domesticado? Como isso se compara à morte de cães, gatos e pássaros que vivem com humanos, como companheiros, há milhares de gerações?

A questão básica é se podemos ser amigos de um animal selvagem. Há não tanto tempo, haveria um ceticismo generalizado sobre essa possibilidade. Mas, graças à internet, temos acesso a histórias do mundo inteiro que até agora permaneceram, em grande parte, ignoradas. Sabemos que pessoas conseguiram estabelecer algum tipo de relação com animais não domesticados — na verdade, completamente selvagens. Mas há uma ressalva: a maioria desses animais é, de fato, de espécies selvagens, mas, por uma razão ou outra, tiveram relações longas ou intensas com um humano.

Os santuários são lugares extraordinários onde muitos dos aspectos filosóficos que quero apresentar neste capítulo podem ser pesquisados na prática; muitos animais que acabam nesses locais ou eram selvagens por natureza ou, às vezes, não eram realmente domesticados. Mas algo bastante incomum acontece em um santuário, e eu vi isso muitas vezes em todos aqueles (locais inspiradores) que visitei. Os animais passam a saber que estão seguros, que não sofrerão abusos (também me pergunto se eles percebem que não serão mortos), e que as pessoas que ali estão são seus amigos. Um santuário em particular é muito querido para mim: o Animal Place, na base da Sierra Nevada, no norte da Califórnia. Foi fundado pela indomável Kim Sturla. Quando estive lá pela última vez, fiquei impressionado com os perus que moravam ali. Eu não tinha ideia de como eles podiam ser afetuosos, e como era possível desenvolver um profundo apego a eles. Aqui está o que Kim me escreveu:

> Na terra dos perus, os machos, mais bonitos que as fêmeas, são os que geralmente se exibem, mas Tracey era a mais linda fêmea que eu já havia visto. Toda branca, com as penas da cauda extraordinariamente longas, ela desfilava pelo jardim como um cisne deslumbrante deslizando sobre um lago. Como as típicas adolescentes glamorosas que recordo de minha juventude, ela era insuportavelmente cretina. Bicava a cabeça de Ellie sem nenhuma razão, aparentemente só para fazê-la recordar a hierarquia, as belezas arrebatadoras que há no topo.
>
> Ellie era desinteressante: pequena, penas curtas na cauda — provavelmente curtas demais devido às bicadas e depenadas de Tracey. Mas era a peru fêmea mais doce que já conheci. Quem já passou um tempo em um santuário, onde os perus são tratados com amor e respondem com gentileza, sabe que isso diz muito. Não se podia acariciar Ellie enquanto ela comia porque perdia todo o interesse pela comida em favor do afeto,

e a grande Tracey acabava comendo o dobro. Enquanto eu conduzia minhas meninas para o lugar onde elas dormiam à noite, Ellie muitas vezes caía na grama como uma rocha, imóvel, até ganhar alguns minutos de carícias e cócegas debaixo da asa, no mesmo lugar onde os cães adoram ser coçados.

Durante anos tive um pesadelo recorrente, que sei que é comum entre protetores de animais: estou fora fazendo alguma coisa e percebo que me esqueci dos cães. Deixei-os em algum lugar um dia inteiro, trancados, sem comida e água, e fico me perguntando se eles teriam morrido por causa de minha negligência. Há alguns meses, fiquei com medo de que esse sonho se realizasse com os perus. Eu havia me mudado para uma casa nova onde as meninas não ficavam em frente à minha janela enquanto eu trabalhava, implorando para eu as soltar das gaiolas ou para exigir o café da manhã e o jantar. Minha carga de trabalho estava sendo exaustiva. Frequentemente, em minha escrivaninha de manhã cedo, antes de ser seguro deixar os perus fora da gaiola de dormir à prova de coiote, às vezes eu os esquecia durante horas.

Em uma manhã agitada, lembrei-me deles às 11h da manhã e percebi que seria melhor colocar alarmes para mim. Programei o alarme da manhã para às 8h, assim que os coiotes sumiam da vizinhança, e o do jantar para às 16h30. Os cães funcionavam como o alarme da hora de dormir, sempre ao pôr do sol me incitando a sair para uma caminhada no penhasco. Na volta, íamos pelo pátio de perus e eu colocava as meninas para dormir.

Naquela manhã, pensando no que acontecera no dia anterior, percebi o quanto estivera imersa no trabalho: o pôr do sol chegou e o pessoal de casa levou os cachorros ao penhasco. Eu estava escrevendo um artigo para o *Los Angeles Times* sobre um buldogue francês que morrera porque fora colocado no compartimento superior de bagagem em um voo da United Airlines.

Encerrei o dia bem depois de escurecer, fiz um jantar rápido, sentei-me para assistir à minha dose noturna de Netflix e fui para a cama. E meu pior pesadelo se tornou realidade.

"Não vá lá fora", disse Clive na manhã seguinte, com firmeza e um tom de preocupação. Mas não sou do tipo que evita ver o cadáver de alguém amado. Cheguei ao jardim e estava coberto de penas e gemas inteiras, longos trechos de intestino e um órgão que parecia um fígado.

No canto, vi duas carcaças — uma se parecia mais com uma casca; Tracey havia sido esvaziada e limpa. Mas o coiote, de cerca de 18 kg, certamente estufado depois de comer Tracey (ela pesava 11 kg), mal havia tocado a carne de Ellie. Ela estava sem cabeça — sou grata por isso, porque deve ter sido uma morte rápida, e por sua cabeça não ter sido encontrada em lugar nenhum; eu gostava tanto de beijar seu bico pequeno e sentir seu hálito quente em meus lábios, que não suportaria ver aquele biquinho inanimado.

Nas manhãs de trabalho mais leves, eu me sentava para acariciar as meninas enquanto tomava meu café ou meditava no jardim. Hoje, tinha como companhia apenas os restos mortais delas. Quando o sol nasceu, minhas amadas amigas começaram a cheirar como o setor de carnes do Whole Foods.

Uma boa intuição me disse para ligar para Susie Coston, diretora da Farm Sanctuary. Ela adora perus e entenderia minha dor. Percebi que, por ter cuidado de milhares de animais ao longo dos anos, ela saberia como é ser responsável por uma morte. Ela me disse que acidentes acontecem, principalmente quando as pessoas estão estressadas e mudam a rotina, como eu havia feito no dia anterior.

Ela também me garantiu que a morte de minhas garotas foi rápida. Ao contrário dos humanos, os coiotes quase sempre matam depressa. Como Tracey e Ellie haviam sido salvas do abate, pensei em suas irmãs, levadas de caminhão para matadouros e penduradas de cabeça para baixo em correias transportadoras.

Susie sugeriu que eu não contasse o que havia acontecido: "Você sabe como as pessoas são." É verdade. Pensei em mães que haviam deixado seus bebês no banho para atender ao telefone e se lembraram deles um minuto tarde demais, e enfrentaram acusações criminais em vez de receber imensa compaixão pelo pior dia de sua vida.

Sei como as pessoas são porque sou uma delas. Na noite em que minhas meninas morreram, eu estava julgando a comissária de bordo que insistira — e a mulher que cedera — em colocar o cachorro no compartimento superior de bagagem em um voo da United. Agora, compartilho minha dor por saber que traí dois seres que dependiam de mim. Se eu for julgada com severidade, talvez aprenda a ter compaixão por aqueles que também são assim julgados quando responsáveis pela estupidez que leva à tragédia.

Sei que nem todo mundo verá a morte de um peru como uma tragédia. Para a maioria das pessoas, eles são almoço. Mas acho que chegamos a um momento em que muitos leitores entenderão minha mágoa. As pessoas

> estão começando a perceber que as distinções que fazemos entre os animais que acariciamos e os animais que comemos são arbitrárias, razão pela qual diferem entre os países. Luto é luto; seja por um buldogue francês em uma caixa de transporte ou por dois amados perus mutilados em um jardim, a culpa e a tristeza são as mesmas.

Não sei se esses perus eram selvagens ou domesticados, ou se isso faz alguma diferença para a dor que Kim sentiu. Mas, às vezes, o animal é selvagem de verdade, tanto que não pode ser mantido em um ambiente humano. Esse é o caso do leão Christian. Ele nasceu em cativeiro e foi comprado em 1969 pelos australianos John Rendall e Anthony "Ace" Bourke, em uma loja de departamento Harrods, em Londres. No primeiro ano, a vida foi divertida para os três, mas quando o leão fez um ano, ficou evidente que a cidade não era lugar para um animal grande e adulto. Quando Bill Travers e Virginia McKenna, estrelas do filme *A história de Elsa,* visitaram Rendall e Bourke e conheceram Christian, sugeriram que eles pedissem ajuda a George Adamson, um conservacionista queniano que, com sua esposa Joy, criara e libertara a leoa Elsa. Adamson concordou em reintegrar Christian à natureza em sua Reserva Nacional Kora, no Quênia. Um ano depois de Christian ser libertado na selva, Ace e John decidiram ir à África na vã esperança de encontrá-lo. Se o encontrassem, ele se lembraria deles ou os atacaria? Christian, pelo que se sabia, era agora o líder de um bando de leões, e sempre havia um risco. Partiram para a selva na esperança de encontrar o amigo, e conseguiram. O vídeo desse encontro foi visto mais de 60 milhões de vezes no YouTube.* Sou amigo de Ace Bourke e entendo por que esse único encontro marcou sua vida para sempre. No vídeo, vemos Christian com seu bando. Ele vê os homens e caminha devagar em

---

* Disponível no site em inglês: <http://www.alioncalledchristian.com.au/>.

direção a eles, quase como um gato prestes a pegar um pássaro desavisado. Então, começa a correr para eles. Ace me disse que seu coração disparou também. Ele estava prestes a ter o encontro mais intenso de sua vida ou seria atacado até a morte por um grande leão adulto que já fora seu amigo. Christian correu, ficou em pé nas patas traseiras e abraçou os dois homens como se fossem seus irmãos perdidos. Vemos Christian lamber seus rostos, indo de um ao outro, em êxtase por ver seus velhos amigos de novo. E então, surpreendentemente, o bando todo vai até os homens e se esfrega em suas pernas, como gatos domésticos. Os homens se abaixam e acariciam um leão completamente selvagem que nunca haviam visto, nem o leão a eles. Adamson manteve uma distância discreta. Sendo um estranho, não sabia como seria recebido. Mas não precisava ter se preocupado; amigos de amigos são bem-vindos. É difícil assistir a esse vídeo sem se encantar. Ninguém espera que um grande felino selvagem continue ligado a um membro de outra espécie e mostre alegria ao vê-lo de novo. Acho que isso também mostra como seria o mundo natural se todos os humanos tratassem os outros animais como amigos, e não como comida ou inimigos.

A um passo além estão as pessoas que resgatam um animal selvagem e o veem demonstrar gratidão, manter contato com esse humano ou até decidir viver com seu salvador.

Foi o caso do crocodilo Pocho e do homem que salvou sua vida, Chito, um pescador pobre de Siquirres, na Costa Rica. Em 1989, Chito encontrou um crocodilo às margens do rio Reventazón. Ele havia levado um tiro na cabeça, mais exatamente no olho esquerdo. Estava sozinho e indefeso. Era um grande crocodilo, mas não pesava mais que 68 kg. Estava morrendo devagar. Chito decidiu que não poderia simplesmente abandonar o animal agonizante; carregou-o até seu barco e o levou para casa. Durante os seis meses seguintes, ele dormiu ao lado do pobre crocodilo, alimentando-o enquanto o animal recuperava lentamente as forças. Chito contou depois: "Comida não era suficiente. O crocodilo precisava de meu amor para recuperar a vontade de viver." A esposa do pescador ficou chocada, e disse que seria ela ou Pocho. Ele escolheu o animal. Depois de três anos de paciência, Pocho se curou e recuperou seu peso — 453 kg (ele tinha 5 metros de comprimento) — e ficou bem o suficiente para voltar à natureza. Com relutância, Chito o levou a um rio próximo, despediu-se e o soltou. Chito voltou para casa e foi dormir, mas quando acordou na manhã seguinte, lá estava Pocho, dormindo pacificamente na varanda dele. A partir de então, os dois se tornaram inseparáveis. Eles nadavam juntos, e quando Chito pulava no lago primeiro, Pocho nadava em sua direção com a boca aberta e os dentes à mostra; mas conforme se aproximava e via quem era, fechava as mandíbulas e esperava o beijo que Chito sempre lhe dava. Ficaram juntos durante os vinte anos seguintes, nadando e fazendo "seu show" para turistas. Pocho morreu de causas naturais em 2011 e teve um funeral.*

É extraordinário que uma amizade entre um crocodilo e um humano nunca foi vista antes; era considerado algo simplesmente impossível. Crocodilos são um dos poucos animais que consideram os humanos alimento. Roger Horrocks, um cineasta sul-africano que fez um belo documentário sobre Pocho e Chito, estava mergulhando em cavernas na África do Sul quando ele e um companheiro deram de cara com um grande crocodilo. O animal parecia se divertir e sorrir com a presença deles, e os tolerou enquanto o filmavam. Horrocks começou a se perguntar, então, se seria possível "domar" um crocodilo selvagem. Foi assim que ouviu falar de Pocho e Chito e foi para a Costa Rica para filmá-los juntos. Ele ficou chocado com o que viu. Chito saiu à noite, numa lua cheia, entrou na água e chamou Pocho. Horrocks ficou horrorizado — sabe-se que os crocodilos são

* Você pode ver o vídeo dos dois nadando juntos aqui: <https://www.youtube.com/watch?v=jXv-KIDxjlY>.

mais agressivos durante a noite, que é quando caçam. Como alguém poderia cruzar a barreira que separa um dos predadores mais perfeitos da natureza da presa indefesa que é o humano desarmado? No entanto, seu filme demonstra que isso realmente aconteceu, e que se formou uma intimidade entre as duas espécies que seria, em tese, impossível. Sim, os humanos podem desenvolver afeto por crocodilos e talvez até se enganar, pensando que é um tipo de amor; mas como poderiam se enganar a ponto de acreditar que esse sentimento poderia ser retribuído por um gigante predador reptiliano? No final desse documentário incomum, chamado *The Man Who Swims with Crocodiles* [*O homem que nada com crocodilos*, em tradução livre], Horrocks quis entrar na água com Pocho sozinho para ver o que aconteceria. A experiência quase acabou mal; a linguagem corporal do crocodilo gigante não era tranquilizadora, e estava claro que o relacionamento que ele tinha com Chito não incluía outros humanos. Quando Pocho morreu, Chito ficou desolado, é lógico. O que ele sentia era verdadeiro amor, e era correspondido. De fato, era uma relação única, e levantou a questão: o amor era baseado na familiaridade ou se devia a outra causa estranha? A hipótese de Horrocks é que, como Pocho foi encontrado por Chito à beira da morte, talvez alguma parte de seu cérebro, que normalmente o inclinaria à agressão, sofreu modificação.

Horrocks comenta — e eu também já ouvi isso — que muitas pessoas que acreditam ter feito amizade com um predador selvagem acabam bruscamente atacados e, às vezes, mortos, mesmo tendo passado anos juntos. Você nadaria com um tubarão, mesmo que ele não demonstrasse animosidade contra os humanos? Eu não.

Muitos, infelizmente, acham que é impossível estabelecer qualquer tipo de relacionamento com peixes, e muito menos um relacionamento íntimo. Lembro-me que quando estava fazendo pesquisas para meu livro *Quando os elefantes choram,* conheci um distinto professor de biologia da UC Berkeley especializado em peixes. Ele conhecia muito bem todas as variedades imagináveis de peixes e tinha muitos em aquários pequenos. Perguntei se ele achava que o peixe ficava entediado em um espaço tão minúsculo.

Ele retrucou violentamente por sequer sugerir que os peixes poderiam ter tais sentimentos ou mesmo outros. Isso foi há alguns anos, e gosto de pensar que o bom professor mudou de ideia, especialmente à luz de um livro influente e maravilhoso do etólogo Jonathan Balcombe chamado *What a Fish Knows* [*O que um peixe sabe*, em tradução livre], cuja essência é que esses animais são extraordinariamente diversos e complexos e têm capacidades mentais, sociais e emocionais que os colocam em pé de igualdade com pássaros e mamíferos.*

Nesse livro, ele conta uma história notável, e eu procurei sua fonte original — uma mulher chamada Tali Ovadia — e lhe pedi que me desse mais detalhes:

> Há três anos, fui a um pet shop comprar um baiacu. Eu já tinha um aquário com outros peixes, mas sabia que os baiacus precisavam ficar sozinhos. Portanto, comprei um aquário de 45 litros e meu primeiro baiacu, uma minúscula criatura de água doce que parecia mais um personagem de Dr. Seuss que qualquer outra coisa. O que me atraía nele era sua carinha de desenho animado e como ele me encarava com seus olhos quase iridescentes. Fui fisgada, e assim comecei meu relacionamento com Mango.
>
> Ao longo dos anos, meu fascinante peixinho e eu desenvolvemos um vínculo inesperado que me fazia sair das festas mais cedo para alimentá-lo na hora certa,

* Para mais informações, o autor resume seu livro no *The Globe & Mail*, em "Fish Are Not Office Decorations" [*Peixes não são decoração de escritório*, em tradução livre]: <https://www.theglobeandmail.com/opinion/article-fish-are-not-office-decorations/>.

pedir a meu vizinho para "passar um tempo com ele" quando eu viajava, e pensar nele muito mais do que estou disposta a admitir. Resumindo, eu amava aquele peixe como nunca havia amado qualquer outra coisa.

Voltar para casa era uma alegria, pois Mango sempre nadava loucamente até a frente do aquário e balançava o corpo quando eu entrava pela porta. Todos os dias, nos encarávamos por um longo tempo e, sim, nós nos comunicávamos. "Eu vejo você" era a sensação geral daquele momento. "Eu gosto de você." E juro que ele sorria para mim.

Onze anos se passaram e Mango e eu tínhamos nossa rotina, como em qualquer relacionamento. Eu era muito minuciosa com os cuidados em relação a ele e não imaginava mais a minha vida sem sua presença; até o dia em que cheguei em casa e ele não nadou na minha direção — coisa que nunca havia acontecido. Eu sabia que era o começo do fim e procurei uma veterinária para ver se havia algo que eu pudesse fazer por ele. Ela disse que ele já havia vivido mais do que a média de vida da sua espécie e provavelmente tinha câncer. Fiquei arrasada. Durante os dez dias seguintes, observei meu pequeno sofrer e ir desbotando até seu tempo aqui chegar ao fim. Chorei um aquário de lágrimas e o enterrei no quintal com o Buda de pedra que vivia com ele.

Ainda me impressiona a conexão e a profundidade da relação que tive com meu peixinho e sinto falta de Mango todos os dias.

Não temos absolutamente nenhum direito de duvidar do relato de Tali sobre seus sentimentos, e algumas pessoas talvez se sintam inclinadas a duvidar dos do peixe. Eu não, mas concordo que os sentimentos de um animal em cativeiro, por mais positivos que sejam, não são espelhos exatos dos sentimentos de um animal completamente selvagem, e é por isso que achei o relato a seguir tão cativante. Val Plumwood foi uma filósofa ecofeminista australiana que morreu em 2008. Talvez ela seja mais conhecida por um incidente que a tornou mundialmente famosa, mas que, sem dúvida, ela preferiria que não houvesse acontecido. Já contei essa história em um livro anterior (*Beasts*), mas aqui vai um breve resumo:

Durante uma visita ao magnífico Parque Nacional de Kakadu (cenário de *Crocodilo Dundee*, filmado lá alguns meses após o ataque), perto de Darwin, na Austrália, Val acampou no posto da guarda florestal East Alligator e pegou emprestada uma canoa de fibra de vidro de 4 metros de comprimento para explorar o rio East Alligator (o nome, por si só, já deveria tê-la alertado, mesmo que ela o chamasse de "lagoa dos jacarés"):

> Chovia torrencialmente; quando amarrei minha canoa em um afloramento rochoso que se erguia do pântano para um almoço encharcado e rápido, tive a estranha sensação de estar sendo observada. Eu estava no canal havia uns cinco ou dez minutos quando, ao fazer uma curva, vi à minha frente, no meio do rio, algo que parecia ser um tronco flutuante, e não me lembrava de tê-lo visto antes. Enquanto a correnteza me levava em sua direção, o tronco pareceu criar olhos.

Val se agarrou a uns galhos pendurados, mas antes que pudesse se erguer acima da água, o crocodilo a agarrou entre as pernas e a arrastou para baixo da água — uma "centrífuga de escuridão em ebulição, que parecia querer arrancar os membros do meu corpo enquanto fazia meus pulmões, quase a ponto de estourarem, se encherem de água".

O crocodilo a soltou brevemente e logo a agarrou de novo, sujeitando-a a três desses "giros mortais", até que ela conseguiu escapar por um barranco de lama íngreme. Apesar dos ferimentos graves (os ossos de sua perna esquerda ficaram expostos), ela rastejou por três quilômetros até o posto da guarda florestal. Passou um mês na UTI de um hospital em Darwin, e depois teve que fazer extensos enxertos de pele. Mais tarde, após uma boa reflexão, ela chegou a uma conclusão profunda:

> Quando minha narrativa e a história maior foram estripadas, vislumbrei um mundo assustadoramente indiferente no qual eu não significava nada mais que qualquer outro ser comestível. O pensamento "Isso não pode estar acontecendo comigo, sou um ser humano. Sou mais que comida!" compôs minha incredulidade terminal. Foi uma redução chocante de um ser humano complexo a um simples pedaço de carne. A reflexão me convenceu de que não apenas os humanos, mas qualquer criatura pode alegar ser mais do que apenas comida. Somos comestíveis, mas também somos muito mais que isso.

Quando o guarda se ofereceu para encontrar e matar o crocodilo que a havia atacado, ela recusou, alegando, com razão, que o animal estava simplesmente sendo ele mesmo. Ele não agiu motivado por maldade, só estava faminto.

Estou contando essa história horrível, porém educativa, como uma introdução à extraordinária amizade de Val com um animal completamente selvagem encontrado apenas na Austrália: um vombate.

O vombate é um marsupial australiano que lembra um cruzamento entre um castor e um texugo. Os turistas da Austrália acham que são ratos gigantes — um belo de um rato, pois podem chegar a mais de 1 metro de comprimento e pesar até 45 kg. Devido a seu tamanho, eles têm poucos predadores. Podem correr a mais de quarenta quilômetros por hora — são mais rápidos que Usain Bolt. Parecem ter pouco medo dos humanos, e nós os víamos sentados pacificamente à beira da estrada quando passávamos de carro pela zona rural da Austrália. Quando nascem, têm o tamanho de uma ervilha e passam o primeiro ano inteiro dentro da bolsa da mãe, e o ano seguinte na toca, com a mãe bem ao lado. Eles têm um metabolismo muito lento — levam 14 dias para digerir os alimentos, principalmente grama-canguru. Os australianos os consideram meio burros, mas seus hemisférios cerebrais são proporcionalmente maiores que os de qualquer outro marsupial. Eles se adaptam facilmente ao cativeiro; são rapidamente domesticados e atendem quando chamados pelo nome. Mas a questão é: por que alguém iria querer escravizar (capturar) um animal selvagem? Isso sempre me pareceu errado. Vejamos o que Val disse sobre "seu" vombate:

> Meu vombate, Birubi, morreu, após um breve período doente, numa quarta-feira, 18 de agosto de 1999. Sinto muita falta de Birubi e continuo vendo sua amada silhueta (ou "fantasma") com o canto do olho; é só um vislumbre dele virando no canto de um armário ou na varanda. Muito depois de sua morte, meus olhos continuavam procurando-o na grama iluminada pela lua. Ele fez parte de minha vida por tanto tempo — mais de 12 anos — que era difícil acreditar que não esperaria mais por mim ou me receberia quando eu chegasse; que ele por fim havia partido.
>
> Birubi chegou a mim pelo serviço de resgate de animais selvagens; era um órfão desnutrido e muito doente. Sua mãe provavelmente havia morrido de sarna, doença introduzida pelos europeus com seus cães e que leva tantos vombates a uma morte precoce e difícil. Como

meu filho humano havia morrido recentemente, Birubi e eu nos unimos fortemente. Birubi (o nome que, creio eu, significa "o tambor", foi dado a ele por seus primeiros cuidadores no serviço de resgate) tinha cerca de 1 ano de idade, peludo, mas ainda mamava quando veio morar comigo. Ele parecia ter sofrido muito com a morte da mãe e estava desesperado por cuidados.

Birubi recebera da mãe uma educação vombate de boa qualidade; ela o ensinara a defecar fora da toca (ou seu equivalente: minha casa) e os princípios de sobrevivência na mata. Um dia depois de chegar, ele aprendeu a abrir as portas de vidro corrediças da casa e ia para a mata quando queria (o que era frequente). A capacidade de controlar o acesso entre o mundo dele e o meu lhe permitiu ser ativo na escolha e estruturação do equilíbrio entre nós: entrar em meu mundo e ainda manter totalmente a sua "vombatividade". Ele geralmente desconfiava dos humanos até estabelecer a identidade deles, e saía de casa quando o ambiente ficava muito barulhento ou agitado.

Tendo suas próprias tocas na floresta, ele ia à minha casa me visitar por uma hora ou mais, em média, quase toda noite, em busca de apoio pessoal, emocional e material (a seu pedido, eu complementava seu pasto com cenoura e aveia em flocos, que correspondiam às raízes e sementes da dieta de um vombate). No primeiro ano, ele passava parte da noite ao ar livre e parte em minha cama comigo.

Sempre tive consciência de que havia uma dimensão de mistério em meu conhecimento da mente de Birubi. A sensação de preencher um grande abismo de diferenças fazia parte da magia do nosso relacionamento. Acho que isso foi o mais importante da relação de mãe e filho para nossas espécies.

Birubi, como outros vombates e ao contrário dos cães, era um animal resiliente e determinado que não podia ser moldado à vontade humana. Ele não reconhecia seres humanos como superiores, nem as pretensões de possuir o mundo, e tinha um forte senso de individualidade e independência; sabia de seus interesses e direitos. Essa teimosia e o senso de igualdade é a característica que colocou o vombate em conflito tão forte com o fazendeiro, mas para mim era maravilhoso. Significava que estava lidando com outro ser, e esse contato tinha que ser feito nos termos dele também, não só nos meus. Disciplina, punição e treinamento para aceitar a vontade humana, do tipo que aplicamos aos cães, estavam fora de cogitação; não só seriam ineficazes como colocariam em risco toda a base do nosso relacionamento.

Acho que foi um privilégio incrível poder conhecer um animal livre, cauteloso e basicamente selvagem de forma tão íntima e rica. Nosso relacionamento ultrapassava a fronteira usual entre o selvagem e o doméstico, a floresta e a casa, o não humano e o humano, a natureza e a cultura.

Era encantador — como o encanto da imaginação de uma criança — andar lado a lado com Birubi por uma trilha na floresta, levantar os olhos de minha mesa e encontrar um vombate que vivia na floresta sentado em minha poltrona perto da lareira. Você teve a coragem e a liberdade de ultrapassar a fronteira, Birubi. Mas será que nós temos?

"*Ave atque vale* [Saudações e adeus], Birubi. Nunca o esqueceremos."

Então, qual era o luto pelo qual Val chorava? Aquele que para ela representava isso. Essa é a lição que todos devemos levar a sério: não há por que dizer a alguém que sua dor é falsa, que não tem direito a sofrer essa perda. É natural lamentar a perda de algo tão raro; poucas pessoas na Terra tiveram relações próximas com vombates, e talvez Val chorasse essa perda ou apenas o fato de que era um mistério e foi maravilhoso, e agora não existia mais. Imagino que isso poderia se aplicar de uma maneira ampla: o animal que amamos estava ali conosco, ciente de nós, olhava para nós, sentia algo por nós, e agora ele se fora, e não estará mais conosco; não olhará para nós, nem sentirá nada por nós.

Vamos parar um momento para pensar na diferença entre as duas histórias. As lições que Val aprendeu com o ataque do crocodilo é que não estamos no topo absoluto da cadeia alimentar, ou que a ideia de uma cadeia alimentar é enganosa. "Fui subitamente transformada, no universo paralelo, em um animalzinho comestível cuja morte não tinha mais significado que a de um rato", escreveu ela.

Somos apenas carne para o crocodilo, como provavelmente para alguns tubarões, mas gostamos da fantasia (ou melhor, algumas pessoas, como eu, gostam) de interagir até mesmo com grandes predadores como se fôssemos todos uma grande família feliz (até mesmo uma grande família feliz nem sempre é, realmente, feliz). Portanto, ficamos fascinados quando alguém se torna amigo de um predador, como um crocodilo, um tubarão, um urso-pardo ou um grande felino. Mas a fantasia, embora às vezes compartilhada pelo animal em questão, muitas vezes não é, e cometemos um erro fatal ao pensar que sim. Sabemos, por exemplo, que os hipopótamos se voltam contra seu "amigo" humano e o decapitam com uma única mordida. Grandes felinos também.

E ursos. Os ursos, talvez mais que qualquer outro animal, especialmente os grandes ursos russos na península de Kamchatka. Isso nos faz recordar o grande Charlie Russell, que morreu em 2018, aos

76 anos. Ele era um autodidata especialista em ursos, e dos bons. Muitos o consideravam a maior autoridade em ursos-pardos do mundo. Charlie passou 12 anos vivendo com ursos-pardos na remota península oriental de Kamchatka, estudando seu comportamento e aprendendo a viver com eles. A maioria das pessoas pensa em ursos como animais solitários, mal-humorados e perigosos. Talvez sejam, mas Charlie acreditava que eram "um animal inteligente e social completamente incompreendido". E a fim de provar isso, ele passou pelo menos três meses por ano, durante dez anos, em uma floresta escura completamente isolada em Kamchatka, em uma pequena cabana construída por ele enquanto, aos poucos, fazia amizade com os ursos. O problema é que, mesmo em uma área tão remota como a que ele escolheu, havia pessoas que se interessavam por ursos por um motivo diferente; queriam sua valiosa vesícula biliar, considerada um afrodisíaco e remédio em certas partes da Ásia e que vale seu peso em ouro. Quando ele voltou para Kamchatka, em 2003, todos os seus amigos ursos haviam desaparecido. Eles tinham sido massacrados. A vesícula biliar de um urso foi pregada na porta de sua cabana em forma de aviso.

Charlie começou a se interessar por ursos quando seu pai, um notável naturalista canadense, levou ele e o irmão à ilha Princess Royal, na Colúmbia Britânica, e os ursos do local fugiram deles. Eles voltaram ao acampamento e deixaram suas armas. Os ursos pareceram entender que eles não eram uma ameaça e lhes permitiram chegar mais perto que antes, e isso deu a Charlie a ideia de que os ursos não eram tão agressivos quanto as pessoas acreditavam; que estavam só se defendendo.

Charlie disse ao pai que não queria ir à faculdade para estudar esses animais; queria estar com os ursos para aprender sobre eles. Eles seriam seus professores, não objeto de estudo. Charlie queria estar perto de ursos que não tinham contato com humanos e, portanto, não haviam aprendido a desconfiar deles ou temê-los. Foi isso que o levou à península de Kamchatka, local que, durante a Guerra Fria, foi uma zona militar protegida, desabitada, e nenhum civil tinha permissão para visitá-la. De alguma maneira, Charlie conseguiu persuadir o governo russo a deixar que ele fosse (com um avião que ele mesmo construiu usando um kit) e construísse uma pequena cabana próxima a um lago, em 1996. Os ursos começaram (por curiosidade?) a passear perto da cabana, e muitas vezes incentivavam Charlie a sair para passear na floresta com eles.

O encontro mais profundo de Russell aconteceu no início da década de 1990, enquanto guiava os observadores de ursos pardos ao único santuário do Canadá, no noroeste da Colúmbia Britânica. Um dia, Charlie estava sentado em um tronco coberto de musgo e uma ursa que conhecia e apelidara de Mouse Creek Bear se aproximou. Após usar sua voz mais calma possível, ela se sentou ao lado dele, estendeu uma pata e gentilmente tocou sua mão. Charlie tocou o nariz da ursa e, sem pensar, enfiou os dedos na boca do animal e os deslizou pelos dentes afiados.

"Ela poderia ter jantado não somente minha mão, mas eu inteiro", disse Charlie, maravilhado, "mas não fez isso."

Em uma ocasião memorável na Rússia, uma mamãe ursa apareceu com seus dois filhotes. Diz a lenda que nenhum animal na natureza é tão perigoso quanto uma ursa com filhotes. Charlie foi cauteloso, mas tudo o que a mamãe queria era deixar seus dois filhotes com a nova babá enquanto ela saía em busca de comida. Sem dúvida, ela observou o comportamento de Charlie com um total de dez filhotes de zoológicos (em um experimento feito para ver se eles poderiam ser devolvidos à natureza. E puderam), e decidiu que ele era uma babá de confiança. Mas as atividades e os relatos dele despertaram a raiva dos caçadores, como ele explicou em uma entrevista em 2009, "porque a cultura da caça precisa fazer o animal parecer assustador, para que as pessoas se sintam corajosas por matá-lo". Infelizmente, não por culpa de Charlie, os ursos começaram a confiar nos humanos, e isso permitiu que os caçadores entrassem e, sem nenhum esforço, os matassem. "Eles foram mortos com muita facilidade", lamentou, "e essa imagem é meu pesadelo."

Charlie morreu em 2018, e eu não ficaria surpreso se o luto pela morte dos ursos tivesse algo a ver com sua morte prematura. Poucas pessoas entendiam como ele podia chorar com tanta intensidade a morte de ursos selvagens, e sem dúvida esse "isolamento emocional" também o afetou. Ele fez algo que ninguém jamais pensou ser possível, e isso abriu seu coração para um tipo de amor que a maioria de nós mal consegue perceber. Sua dor é especialmente comovente porque não foi compartilhada; ele a suportou sozinho.

Ele amava aqueles ursos e se sentiu mal pelo que aconteceu com eles? Evidentemente, de forma profunda. Eles o amavam também? Ora, não sabemos, concordo, e amor talvez seja uma palavra muito forte; mas certamente eles tinham boa disposição em relação a Charlie. Essa é uma conquista maravilhosa. Como ele disse: "Todos acham os ursos ferozes e agressivos, dispostos a matar a qualquer momento, mas passei a vê-los como animais amantes da paz."*

Isso também levanta uma questão um tanto delicada que vem ganhando atenção recentemente: podemos sofrer por um animal que não conhecemos pessoalmente? Acho que a resposta deve ser sim, a menos que desconsideremos muitas pessoas que vivenciam isso (algo que acredito que nunca deveríamos fazer; é a principal lição que quero que as pessoas tirem deste livro — não menosprezar o luto dos outros). Existem muitas variações: algumas pessoas assistem a um vídeo e choram; outras tentam resgatar animais de condições terríveis (galinhas, porcos, vacas), e quando veem como foram forçados a viver, começam a chorar. A compaixão e empatia dessas pessoas são despertadas por ver (e às vezes simplesmente ouvir) o sofrimento de

* Katz, Brigit. "Charlie Russell, a Naturalist Who Lived Among Bears, Has Died at 76", *Smithsonian.com*, Smithsonian Institution, 14 de maio de 2018.

outros animais. Eu mesmo senti os olhares das vacas e das ovelhas nos caminhões, sendo levadas para o matadouro, fixos em mim: de repente, tomei ciência de que me encaravam fixamente. A princípio, pensei que estavam implorando que eu fizesse algo, mas agora acho que foi algo ainda mais profundo; elas estavam me mostrando que me viram não fazer nada. Sei que isso é pesado e pode muito bem ser projeção minha, mas algo nos olhos delas me perturba e detesto passar por esses caminhões. Uma vez, eu estava andando na South Island, na Nova Zelândia, passando por um rebanho de vacas no campo, e todas pararam para me olhar. Eu me aproximei da cerca e todas avançaram, me encarando com muita intensidade. Tive vergonha de estar ali, não sei por quê. Eu me senti mal pelo destino que as esperava. Senti-me péssimo por não poder fazer nada para mudar aquele destino. Há quem diga que isso é sentimentalismo, mas cada vez mais pessoas estão vivendo exatamente esse mesmo momento na vida diária, e isso causa incômodo.

Se você gosta de procurar histórias incomuns na internet, assim como eu, encontrará muitos exemplos de amizades extraordinárias entre humanos e outros animais. Ao que parece, são animais que naturalmente estabelecem relações íntimas com outros de sua espécie. Quando por alguma razão não conseguem fazer isso, às vezes se voltam para os humanos. Eu ia acrescentar "como substitutos", mas talvez isso seja errado; talvez alguns animais simplesmente nos escolham porque gostam de nós.

Quando eu tinha uns 10 anos e morava na Califórnia, fui "mãe" de quatro patinhos que precisavam ser impedidos de entrar na escola — eu ia a pé todos os dias, e eles me acompanhavam e se divertiam no parque ali perto até o fim do dia de aula. Depois, todos nós retomávamos a caminhada de volta para casa, que tinha um grande jardim e uma piscina (um lago para eles). Eu os adorava. Eles eram muito ligados a mim, mas acho que, principalmente por causa do famoso *imprinting*, fui a primeira criatura viva que viram quando eclodiram (não consigo mais lembrar por quê), e naturalmente me viam como a mãe deles.

Mas, às vezes, um pássaro completamente selvagem decide fazer amizade com um humano por razões que desafiam a lógica. É o caso de uma gansa selvagem de um parque que decidiu se tornar melhor amiga de um idoso aposentado: ela o seguia em sua caminhada diária e teve que ser persuadida a não acompanhá-lo até em casa enquanto ele pilotava sua Vespa. Como se pode ver no vídeo indicado, às vezes ela não desanimava e insistia em voar sobre o idoso quando ele saía do parque. Não sabemos como a história termina, mas pode apostar que esse homem ficaria angustiado se eles se separassem e, como é provável, se ele morrer antes dela, a gansa sofrerá pela perda.* E além desse, há exemplos de pessoas que simplesmente vivem perto de uma floresta ou selva, e um animal passa a reconhecê-los e, a seguir, procura sua companhia. Não há dúvida de que essas pessoas se sentem honradas, destacadas, escolhidas — "Este animal reconhece que sou especial."

Pense o seguinte: quase todo ser humano tem a fantasia de que seria um bom amigo para um animal selvagem, mas provavelmente nenhum animal selvagem tem a mesma fantasia.

E certamente toda criança tem a fantasia (veja *O livro da selva*) de fazer amizade com um animal selvagem (e geralmente poderoso). Acredito que faz parte da fantasia saber que um dia essa conexão vai acabar, e que no fim haverá tristeza e luto. Não podemos cruzar completamente a barreira das espécies com um animal selvagem; em geral, isso não acaba bem — até as crianças percebem isso. Daí, creio eu, sua ligação poderosa com cães e gatos; afinal, eles são distantes de seus primos selvagens e ninguém se conecta tanto a um gato ou cachorro quanto uma criança.

Tenho uma nova explicação para as superstições. De alguma forma, reconhecemos que há muitas coisas que não entendemos.

---

* <https://www.wimp.com/story-of-a-goose-who-befriends-a-retired-man-in-the-park/>.

Gosto de perguntar ao público o que acham que, daqui a cinquenta ou cem anos, quando as pessoas olharem para trás, vão lembrar e dizer: "Como as pessoas podiam ser tão obtusas?" Tenho certeza de que uma dessas coisas serão as plantas. Alguns anos atrás, teríamos achado graça da ideia de que árvores têm consciência (exceto por um livro bobo, porém divertido, de 1973, de Peter Tompkins e Christopher Bird, *A vida secreta das plantas*). Mas hoje o conceito de consciência das árvores está florescendo.

Talvez tenhamos ficado mais sensíveis desde a bela série de 1995 da BBC, de David Attenborough, *A vida privada das plantas*, que termina com estas sábias palavras:

> Desde que chegamos a este planeta como espécie, nós as cortamos, desenterramos, queimamos e envenenamos. Hoje, fazemos isso em uma escala maior do que nunca [...]. Destruímos plantas, para nosso próprio prejuízo. Nem nós, nem qualquer outro animal pode sobreviver sem elas. Chegou a hora de valorizarmos nossa herança verde e não saqueá-la pois, sem ela, certamente morreremos.

E agora falo sobre o livro imensamente popular a que me referi antes, *A vida secreta das árvores*, que deixa claro para o leitor leigo que ocorre comunicação entre as árvores e que a vida delas é muito sofisticada.

O motivo de eu trazer isso à tona é que acho muito difícil explicar por que detesto quando minhas plantas morrem; mas essa compreensão recém-descoberta da sensibilidade e capacidade de resposta delas pode ajudar. Sinto falta delas quando não estão presentes. Pode ser que elas também reconheçam que eu lhes forneço água e cuidados e que facilito sua vida. Elas tornam a minha mais fácil, sem dúvida; gosto de estar cercado por coisas verdes que crescem. Na verdade, todo mundo gosta; até os hospitais de hoje reconhecem que os pacientes se sentem melhor quando estão cercados por plantas verdes e podem ver uma paisagem verde pela janela.

Quando eu era jovem, "criava" pássaros. Coloquei essa palavra entre aspas porque me parece adequado. Os pássaros não foram feitos para viver em cativeiro; deveriam ser livres para voar e encontrar seus companheiros e viver a vida, como é a intenção da natureza que façam. Dito isso, não pode haver dúvida de que formamos laços muito fortes com os pássaros que criamos, e parece que isso acontece nos dois sentidos. Uma vez que muitos pássaros formam laços afetivos por toda a vida (ou seja, eles se casam, e seus índices de divórcio não se parecem em nada com os nossos), quando são privados de um companheiro adequado da mesma espécie não têm escolha senão formar esse vínculo conosco. Tive esses laços com "meus" pássaros quando era jovem e, recentemente, um livro extraordinário me fez relembrar como eles podem ser profundos. Refiro-me ao livro *Birds of a Feather: A True Story of Hope and the Healing Power of Animals* [*Todos iguais: uma história real de esperança e o poder de cura dos animais*, em tradução livre], de Lorin Lindner. Ela é psicóloga com foco em transtorno de estresse pós-traumático, especialmente entre ex-combatentes das forças armadas. Lindner fundou, no terreno de 156 hectares do Veterans Administration Medical Center, a oeste de Los Angeles, o Serenity Park para psitacídeos (como papagaios e cacatuas) e veteranos que sofreram traumas. Posteriormente, a instituição mudou para o Lockwood Animal Rescue Center, que atende a lobos, cães-lobos, coiotes, cavalos, papagaios e outros animais. As aves eram "abandonadas" por seus antigos "donos" ou recolhidas pelas autoridades por negligência e maus-tratos. Lorin, cujo santuário visitei várias vezes, tem um dom especial para se aproximar delas. Eu lhe escrevi e pedi que me contasse como a morte deles a afetou, e ela respondeu com um dos relatos mais profundos que já li sobre a dor pela morte dessas aves:

> Poucos dias antes de pegar minhas duas cacatuas-das-molucas, Sammy e Mango, de onde estavam morando

temporariamente, recebi um telefonema desesperado da cuidadora. Ela havia encontrado Mango no chão, sangrando.

Em uma situação de trauma, muitas vezes entramos em um estado dissociativo; tudo parece surreal. Às vezes, as pessoas descrevem a sensação de que o tempo passa devagar, ou de estar fora do corpo observando os próprios movimentos de cima. Não me lembro da viagem para ir buscar Mango; uma amiga foi dirigindo e eu fiquei com ele nos braços desde o momento em que chegamos ao santuário até entrar no consultório do veterinário. Ele estava lutando para respirar, abria e fechava os olhos devagar. Havia tanto sangue que não conseguia identificar onde estavam seus ferimentos. Seus olhos brilhavam, vidrados. Era o feriado do Dia do Trabalho, e meu veterinário de aves estava viajando. Levei Mango à emergência de um hospital veterinário e fiquei ao seu lado a noite toda.

O veterinário fez curativos em suas feridas, estancou o sangramento e lhe deu fluidos. Sem estar coberto de sangue, Mango parecia mais ele mesmo.

Ele dormiu um pouco, e eu me inclinei sobre ele para ter certeza de que ainda estava respirando. Vi seu peitinho subir e descer. "Por favor, aguente firme", disse.

Quando ele acordou, conseguiu manter contato visual. Sua respiração estava irregular, mas estável. Ele parecia melhor. Corri para um restaurante ao lado que estava aberto e comprei uma batata-doce assada — ele adorava batata-doce. Ele comeu algumas mordidas. *Talvez ele sobreviva*, pensei. Era um rapazinho durão.

Ele não ficou consciente por muito tempo; cada vez que ele dormia, eu silenciosamente implorava para que acordasse de novo; mas, na manhã seguinte, ele deu seu último suspiro. Seu corpinho estremeceu e ele se foi. O veterinário de plantão disse que havia sofrido muitos ferimentos.

Ele foi atacado por um guaxinim. Esses animais são espertos; eles tinham observado os pássaros e descoberto que se sacudissem a tela de arame de um viveiro, um pássaro poderia voar ou cair no chão. Enquanto o pássaro subia de volta a seu poleiro, o guaxinim conseguia passar a mão pelo arame do viveiro e pegá-lo pelo pé. As cacatuas aprenderam a evitar os guaxinins voando direto para o poleiro, mas Mango não conseguia voar.

Ele teve que escalar a lateral do viveiro.

Talvez ele tivesse curiosidade em relação aos guaxinins.

Mango sempre teve curiosidade pelos outros. Talvez ele até tenha dito um último cumprimento de "Taaade".

Mango não podia ter morrido. Como poderia ser um dia lindo e comum na Califórnia sem ele comigo? Eu ainda tinha o sangue dele em mim, seco em minha blusa. Eu tremia, não sei se de exaustão ou tristeza. Amava aquele pássaro. Ele me fazia rir, e a todos ao seu redor. Ele era cheio de afeto, compaixão e lealdade.

Quem dera eu tivesse levado Mango de volta a Los Angeles no fim de semana anterior; mas pensar nisso não adiantava. Chorei, dormi mais que de costume. Às vezes, eu apenas encarava o vazio, pensando nas coisas que poderia ter feito de maneira diferente. Às vezes, me sentia oprimida, desligada do mundo que se movia ao meu redor. Meu menininho havia morrido.

Foi mais do que perder uma ave, hoje sei disso. Como psicóloga, percebo que uma perda pode se juntar a outras, anteriores. Uma bola de neve ganha massa e impulso à medida que rola encosta abaixo, assim como a dor. Eu sabia que parte do meu sofrimento, que parecia inconsolável, era por causa de outros que havia perdido e cujo luto não vivenciara totalmente; tentara enterrar a dor. A negação pode parecer muito útil, às vezes, mas como disse Bessel van der Kolk, um dos principais pesquisadores na área de estresse pós-traumático: "O corpo guarda as marcas." A dor sempre permanece em nós, em algum lugar de nosso corpo e mente.

Posso escrever sobre isso agora porque tive a oportunidade de lidar com minhas perdas. Eu sentia falta da minha mãe, queria ter tido uma infância mais feliz com uma mãe que não estivesse doente. Sentia falta dos amigos que perdi ao longo dos anos. Sentia-me sozinha. A morte de Mango me estimulou a uma autorreflexão profunda que me permitiu perdoar a mim mesma, aos guaxinins e a qualquer outra pessoa que eu quisesse culpar para tornar minha dor mais fácil no momento.

Ainda penso em Mango quase todos os dias, mas nunca trocaria a dor de perdê-lo por nunca tê-lo conhecido. Sua ausência neste planeta não significa que meu amor por ele diminuiu. Há um lugarzinho em meu coração onde a luz do sol não pode mais chegar, mas isso não significa que não vou aproveitar todas as oportunidades para amar. Quando penso em Mango, penso nesta citação de Kahlil Gibran: "Quando estiver triste, olhe de novo em seu coração e veja que, na verdade, você está chorando por aquilo que foi sua alegria."

Uma coisa que ainda me fazia sentir mal era que Sammy devia estar apavorada. Era preocupante pensar que ela havia testemunhado o ataque a Mango. Fiquei feliz por ela e Mango não serem um casal, assim ela não teria que pranteá-lo; eles eram só companheiros de bando. Bem cedo, na manhã em que Mango morreu, voltei para buscar Sammy e levá-la para casa comigo. Ela estava nervosa e agitada, mas em poucos dias se acalmou. Não passou por um período de luto profundo. Quanto a mim, chorei todas as noites durante semanas. Fiquei muito tempo com Sammy perto de mim, sentia o conforto de acariciar aquelas penas, iguaizinhas às de Mango.

Eu ainda sofria por Mango, sentia falta daquela adorável cacatua me implorando por carinho ou por sua comida favorita. Sammy e Mango foram, e ainda são, minha família, e eu queria Sammy perto de mim.

Ela morou conosco por sete anos.

E então, uma noite, voltei para casa com meu marido, Matt, de uma viagem de um dia e Sammy estava em pé no chão — o que não era um bom sinal. Pássaros que vivem em árvores raramente passam muito tempo no solo porque há muitos predadores. Matt e eu nos entreolhamos e, sem dizer uma palavra, pegamos Sammy e a enrolamos em um cobertor, descemos a montanha de novo até nosso confiável veterinário de aves.

No caminho, pensei naquela noite horrível em que levei Mango, sangrando e tonto, ao veterinário 24 horas. Dessa vez foi diferente. Tive o apoio do meu marido, que ligou para nosso veterinário para avisá-lo quando chegaríamos e lhe pediu que se preparasse para ela. Ainda assim, tive a mesma sensação de impotência, de desejar apenas poder fazer algo para ajudá-la. Era meia-noite quando chegamos. Falei com Sammy com calma, mas ela estava muito distante. Não fazia contato visual; apenas mirava o horizonte, olhando para o nada.

Ficamos sentados com ela a noite toda, desejando que simplesmente ficasse acordada. "Vamos, querida, aguente firme", eu insistia.

Havia pouco que o veterinário pudesse fazer por ela.

Ela fechou os olhos; sua respiração era superficial. Concentrei minha súplica em manter o peito dela se mexendo. Por um instante, Sammy abriu os olhos e os fixou nos meus. Ela usou o bico para se segurar na lateral da gaiola e estendeu o pezinho para fora. Eu estiquei o dedo e ela o segurou firme. Decidi ficar assim o tempo que ela pudesse aguentar; parecia que compartilhávamos a mesma pulsação. Quando ela começou a soltar, senti meu coração parar e tive que respirar fundo. Quando ela me soltou, eu soube que havia partido.

Matt estava bem ali e me abraçou. Eu achava que não aguentaria, e estava grata por não ter que sofrer sozinha daquela vez.

O veterinário diagnosticou intoxicação por chumbo. O início de sua doença foi repentino, felizmente, mas o chumbo pode ter se acumulado em seu organismo ao longo de semanas. Nós a alimentávamos com uma dieta natural, não usávamos produtos químicos perto dela e nos certificávamos de que todos os brinquedos dela fossem seguros. O que poderia tê-la envenenado? Havia um único armário antigo perto do teto do quarto dela; talvez tivesse tinta com chumbo. Mas Sammy nunca voou. Como ela subiu lá?

Eu sentia que havia falhado com ela. Foi Sammy, mais que qualquer outro animal, que me inspirou a fazer o trabalho que eu fazia. Eu nunca havia conhecido outra cacatua como ela, nunca havia investido tanto de minha vida em nenhum ser. Havíamos compartilhado

> 28 anos juntas. Isso me fez perceber por que sofremos tanto quando perdemos um ente querido; realmente dedicamos nosso coração e alma a eles e perdemos um pedacinho de nós quando se vão.
>
> Mas, no momento, não parecia um pedacinho; parecia que havia perdido uma parte enorme de mim mesma que nunca poderia recuperar.
>
> Eu poderia me consolar por, pelo menos, ela ter ajudado a curar mais almas que a maioria das aves, ou até mesmo humanos, poderiam esperar. Sempre serei grata por Sammy ter entrado em minha vida. Eu a amei por quase trinta anos. Ainda penso quando, anos atrás, ela foi deixada sozinha em uma casa em Beverly Hills e chorou muito. Aquele choro me fez ir ao seu resgate, mas também me resgatou. Ainda ouço o som ecoando pelas ruas vazias da cidade. Gosto de pensar que ela estava me chamando, que atendi ao seu chamado.

Um dos mais belos relatos da morte de um animal selvagem que afetou muitas pessoas, especialmente aqueles na costa noroeste do Pacífico que se apaixonaram por orcas (eu certamente me apaixonei), me foi contado pela estimada pesquisadora de cetáceos Toni Frohoff:

> Objetividade. Isso é o que a ciência exige de você, mas quando seu "sujeito" é outro ser vivo, humano ou orca, o coração facilmente se mistura com a mente. Em uma pesquisa, aprendemos que os dois nunca se encontrarão, mas não podemos negar que ambos existem no cientista que também é, apesar de todos esforços para esconder isso, uma pessoa. Em vez de tentar fingir que nossas emoções não existem, podemos reconhecê-las e contorná-las para nosso enriquecimento como animais humanos e pesquisadores.

Luna era uma orca macho que entrou em uma comunidade humana na Colúmbia Britânica da maneira mais incomum.*

Luna desafiou muito do que conhecemos sobre as orcas, e isso foi muito, considerando o conhecimento individual de cada membro das comunidades de orcas. Luna foi visto pela primeira vez em 1999, um bebê com seu bando na Orca Southern Resident Community. Em 2001, foi considerado "desaparecido" e dado como morto; porém, mais tarde, foi localizado onde ninguém esperava que estivesse, e surpreendentemente sozinho, em um fiorde um tanto remoto chamado Nootka Sound, próximo à ilha de Vancouver, no Canadá.

Como Luna chegou à comunidade humana de Nootka Sound continua sendo um mistério, tanto quanto como sobreviveu sozinho quando era "bebê". Seu bando não entrava no fiorde e os membros desses grupos de orcas ficam com suas mães pelo resto da vida. Eles demonstram tal grau de coesão familiar que rivaliza com os das culturas humanas mais unidas.

Depois de sua chegada, Luna parecia não só ansioso, como até mesmo desesperado por companhia e conexão com as pessoas que viviam, trabalhavam e brincavam naquela comunidade costeira bastante remota. No início, os encontros lúdicos de Luna foram recebidos com curiosidade, espanto e alegria pelos residentes. As pessoas começaram a acariciá-lo e a brincar com ele com varas e outros objetos.

Era evidente que Luna estava tentando estabelecer relacionamentos com os humanos que viviam e trabalhavam ao

* Para saber mais sobre Luna, leia: Michael Parfit e Suzanne Chisholm, *The Lost Whale: The True Story of an Orca Named Luna*, [*A baleia perdida: a história real da orca Luna*, em tradução livre], Nova York: St. Martin's Press, 2013.

redor da água para que eles pudessem se tornar seu grupo "substituto". Luna estava ansioso para interagir com qualquer pessoa que encontrasse. Como um gigantesco gatinho aquático — gentil, mas ocasionalmente desajeitado — ele tentava brincar não só com as pessoas, como também com barcos e botes, os motores de popa e até os equipamentos de pesca. Isso começou a ser recebido com contrariedade por pescadores e outros que estavam trabalhando ou cuidando da vida, aborrecidos por causa das travessuras daquela orca amigável. O que era uma bênção de contos de fadas para alguns, parecia uma maldição para outros, que temiam que Luna prejudicasse seu sustento. E algumas pessoas estavam até ameaçando machucá-lo.

Entre as pessoas que viviam e trabalhavam naquela comunidade litorânea de Nootka Sound estava também o povo indígena Mowachaht/Muchalaht das Primeiras Nações. Para eles, a presença de Luna assumiu um significado cultural diferente, relativo às suas tradições espirituais. O Departamento Canadense de Pesca e Oceanos (DFO), junto com o povo das Primeiras Nações, discutiu e discordou sobre o que "fazer" com Luna. Devolvê-lo ao seu bando? Deixá-lo ficar? Ser amigo dele ou ignorá-lo? Não chegaram a um acordo e surgiram os conflitos.

Fui chamada pelo Departamento de Pesca de Mowachaht/Muchalaht para ajudar e aconselhar nessas discussões sobre Luna. Ele era o que os cientistas chamam de "cetáceo solitário e sociável". O estudo e proteção desses golfinhos e baleias individuais únicos, que eram pouco estudados, tornaram-se tema de minha pesquisa.* Mas, na época, principalmente os golfinhos-

---

* Lori Marino e Toni Frohoff, "Toward a New Paradigm of Non-Captive Research on Cetacean Cognition", *PLoS ONE* 6(9). Disponível em: <https://doi.org/10.1371/journal.pone.0024121>.

-nariz-de-garrafa e as baleias belugas eram os exemplos conhecidos desses cetáceos distintos. Infelizmente, por mais que esses animais tenham tentado "se encaixar" e se tornar membros aceitos de suas respectivas comunidades humanas e, independentemente de quantos admiradores eles tivessem, sempre havia pelo menos uma pessoa que queria que eles fossem embora, ou pior.

Cheguei a Nootka Sound com um grupo de renomados especialistas em orcas e outros peritos em cetáceos recomendados por mim para fazer parte da consulta. Concordamos que mesmo nas melhores circunstâncias, Luna não poderia obter o vínculo social de que precisava nem mesmo com o mais habilidoso ou bem-intencionado dos humanos. Nosso grupo fez recomendações, petições foram distribuídas, cartas do público foram enviadas — inclusive de crianças em idade escolar — implorando ao DFO que "salvasse Luna". Havíamos deixado Nootka Sound fisicamente, mas ficamos profundamente conectados com as notícias de Luna e nosso grande desejo de ajudá-lo. Juntamente com o renomado pesquisador de orcas Ken Balcomb, escrevi uma proposta, submetida ao DFO canadense, para ajudar a levar Luna a seu bando. Mas o pedido ficou parado por meses, provavelmente juntando poeira, enquanto Luna esperava, sozinho. Os interesses políticos humanos prevaleceram e se chocaram dolorosamente com a beleza e o *páthos* simultâneos desse jovem animal inocente que nitidamente precisava de nossa ajuda.

Meses depois, eu estava em um barco de pesquisa nas águas paradisíacas do Havaí, quando meu celular tocou e uma amiga me contou a novidade. Ela disse: "Não queria que você ouvisse isso de um repórter ou

> de um estranho, mas Luna está morto." Não fiquei surpresa, mas, ainda assim, foi como um soco no estômago. Eu precisava saber se, no mínimo, havia sido rápido; e felizmente me confirmaram que foi. Disseram-me que Luna havia sido acidentalmente morto pela hélice gigante de um barco. Mas mesmo que não tenha sido um ato intencional, a morte sangrenta e prematura de Luna foi um indicativo da total e óbvia incompetência dos humanos para responder de forma humana, justa e adequada aos grandes mistérios e oportunidades trazidos a nós por outras espécies. Sofri por tudo que Luna havia perdido em vida e por sua morte prematura. No fim das contas, sofri pela imensa perda de todas as outras espécies com as quais compartilhamos este planeta enquanto continuamos a destruí-lo.

Vimos que os humanos sofrem pela perda de seus companheiros animais de todas as formas e tamanhos, e inclusive de animais selvagens com os quais estabeleceram um relacionamento. E os próprios animais? Animais selvagens sofrem pela perda uns dos outros? Acho que a resposta é um sim inquestionável. Quando publiquei *Quando os elefantes choram* pela primeira vez, há cerca de 25 anos, isso não era um consenso, mas agora acho que é bem aceito inclusive pelos comportamentalistas animais convencionais. Podemos levar isso adiante? Se os elefantes sofrem pela morte de um dos seus, poderiam sofrer pela morte de um humano? Vejamos o caso de Lawrence Anthony, o falecido autor de *The Elephant Whisperer* [*O encantador de elefantes,* em tradução livre]. Ele vivia em Thula Thula, reserva selvagem de preservação animal em Kwo Zulu, na África do Sul. Quando Lawrence morreu em 2012 vítima de um ataque cardíaco, aos 61 anos, duas manadas distintas de elefantes (31 animais ao todo) caminharam 180 quilômetros até a casa dele, aonde não iam havia um ano e meio, e ali permaneceram por dois dias e duas noites, sem comer, evidentemente prestando homenagem ao amigo e sofrendo por sua morte. Não acredito que possa haver dúvidas acerca do que estavam fazendo. Ele havia salvado a vida deles anos antes; fora abordado e informado de que aquela manada selvagem composta por dez elefantes — três fêmeas, três jovens, dois machos e dois filhotes — seria morta a tiros de fuzil se ele não concordasse em levá-los para sua reserva. Ele concordou, e foi preciso muita paciência e observação até que os elefantes confiassem nele — e foi assim que Lawrence ganhou o apelido de Encantador de Elefantes.

Quero terminar este capítulo com uma história sobre duas ratas, Kia e Ora. Elas tinham nomes porque eram nossas ratas — ratas de estimação, ou melhor, parte da família. Nós as salvamos de um laboratório na Nova Zelândia e elas moraram conosco como amigas. Sim, sei que não se associa ratos a amizade, mas nossos dois filhos, crianças na época, eram loucos por elas e as levavam para todo lado. E ocasionalmente até à escola. Percebemos que os ratos são afetuosos. Às vezes, à noite, nós as soltávamos pela casa e, de manhã, estavam aninhadas aos nossos pés. Elas adoravam brincar conosco e pareciam sentir um prazer especial quando puxávamos suavemente seus delicados bigodes. Os ratos domésticos em geral não vivem mais de dois anos. Ambas conseguiram viver dois anos e meio e, quando morreram, nossa família inteira ficou de luto. Mas nossos dois rapazes ficaram especialmente perturbados. Hoje eles têm 18 e 23 anos e, ainda assim, de vez em quando dizem frases como: "Lembra da época em que Kia e Ora...?", e prosseguem contando uma história encantadora sobre uma das travessuras delas. Então, sim, nós ficamos de luto por nossas ratas, e Charlie sentia falta de seus ursos assassinados, Val de seu vombate, Kim de seus perus fêmeas e Lorin de suas cacatuas, e não há vergonha alguma nisso. Podemos dizer que o luto nos torna humanos — ou apenas mais um animal.

7

Coração partido: crianças e a morte de animais de estimação

Não é nosso dever fortalecer nossos filhos para enfrentar um mundo cruel e sem coração. É nosso dever criar filhos que tornem o mundo menos cruel e sem coração.

L. R. Knost

Suponho que a parte difícil de explicar a morte de um animal de estimação a uma criança é o mesmo que explicar a morte de um humano, ou a morte em geral. Mas há uma dificuldade especial: a afinidade que as crianças têm com os animais de estimação. Eles carregam a mesma inocência. Nesse sentido, as crianças são mais próximas de um cão ou gato do que de um ser humano adulto, inclusive dos pais. Lembro-me de quando, na minha infância, em Palm Springs, nosso amado welsh corgi foi atropelado por um carro e morreu instantaneamente. Fiquei olhando para o corpo sem vida dele em total estado de incompreensão. Um segundo antes, estávamos correndo pelo deserto, e então, ele estava ali inerte. Um segundo antes ele era meu melhor amigo, e então, quando o chamei, ele não respondeu. Como era possível que meu universo inteiro desabasse em um instante sem nenhuma razão compreensível? Não consigo lembrar quais palavras os adultos me disseram, mas não poderiam fazer diferença nenhuma para mim. Meu cachorro estava morto, eles não podiam trazê-lo de volta. De repente, percebia meus pais como pessoas impotentes. Nada me consolava.

Sei que até pessoas não religiosas diriam às crianças que seu animal de estimação está em outro lugar esperando por elas. Isso parece bondade, mas as crianças acreditam nisso? Adultos religiosos acreditam, e isso parece amenizar sua dor. Não compartilho a mesma crença; portanto, seria hipocrisia de minha parte falar a meus filhos de uma vida após a morte para seus amados animais. Posso imaginá-los reclamando, anos depois, quando percebessem que me ouviram dizer algo em que eu não acreditava: "Mas você disse que eu voltaria a ver Benjy, e não é verdade. Como pôde mentir para mim?"

Mas é aí que está o cerne do dilema que é a morte. Ela é absoluta, um vazio, e qualquer tentativa de entender isso é impossível, em maior ou menor medida. Ninguém pode ter clareza sobre essa questão; ninguém pode acalentar o pensamento do puro nada.

Primo Levi, o grande — aos meus olhos, o maior — escritor italiano sobre o Holocausto, deixou em seu último livro, *The Search for Roots* [*A busca pelas raízes*, em tradução livre], uma antologia de seus textos favoritos. Um artigo é do astrônomo de Princeton Kip Thorne, *The Search for Black Holes* [*A busca por buracos negros*, em tradução livre], publicado na revista *Scientific American* (dezembro de 1974). Levi introduz o texto dizendo: "Não só não somos o centro do Universo, como também o Universo não foi feito para os seres humanos; ele é hostil, violento, estranho... Somos incomensuravelmente pequenos, fracos e sozinhos." Agora, podemos perguntar por que Primo Levi incluiria isso como um texto importante para a sua vida intelectual. Acredito que sei a resposta.

Primo Levi era um prisioneiro judeu recém-chegado a Auschwitz. Em certo momento, com uma sede desesperadora, ele pegou um pedaço de gelo que estava no peitoril da janela de seu dormitório.

Um oficial da SS esmagou a mão dele com o rifle. Às vezes, tenho a sensação de que existem apenas dois tipos de pessoa no mundo: as que têm armas e as que não têm. Levi ficou chocado e, como sabia um pouco de alemão, perguntou inocentemente: *Warum?* [Por quê?]. A resposta do oficial se tornaria uma das citações mais famosas do Holocausto: *Hier gibt es kein warum* [Aqui não há porquês]. Levi nunca esqueceu essa resposta cruel, porém precisa, e a aplicou mais tarde a todo o Holocausto. Por quê? Como isso foi acontecer? Ou, como diz o título de um livro de Arno Mayer sobre o Holocausto, *Why Did the Heavens Not Darken?* [*Por que os céus não escureceram?*, em tradução livre]. No final, depois de muitos livros e reflexões profundas (talvez as mais profundas possíveis), Levi disse que não havia resposta, ou talvez, como os buracos negros do Universo, esteja além da nossa capacidade de compreensão.

Há um argumento que é inútil para uma criança, mas que talvez possa servir de conforto para um adulto: somos tão minúsculos e insignificantes na história do Universo que mesmo um acontecimento de imenso horror humano como foi o Holocausto, que assassinou seis milhões de judeus e milhões de outros não judeus, pode cair no esquecimento. Daqui a um bilhão de anos, menos de um segundo no tempo do Universo, não se saberá mais o que aconteceu.

Evidentemente, nenhum desses pensamentos confortará a criança que perdeu seu cachorro, e seria cruel dizer-lhe essas coisas em pleno luto. Na verdade, você não seria um convidado muito bem-vindo em um funeral se começasse a dar voz a essas ideias às pessoas em luto ali reunidas. "Reunidos em luto" — talvez essa seja a melhor maneira de lidar com a morte de um animal de estimação para uma criança: fazer uma homenagem póstuma. Um funeral, uma reunião de pessoas que conheciam o animal em questão, um enterro ou algum tipo de cerimônia para mostrar à criança que ela não está sozinha na dor, e que esse sentimento é bom e nobre e pode ser compartilhado. Que suas lágrimas não devem lhe causar vergonha. Os cemitérios de animais de estimação estão se tornando cada vez mais sofisticados, usando maneiras criativas para nos fazer recordar realidades mais profundas. Escrevo sobre isso no capítulo sobre homenagem póstuma a nossos companheiros animais.

Se os adultos fazem isso rotineiramente quando perdem outros adultos, é fundamental mostrar às crianças que a morte de um animal também é importante. Estenderei isso muito além de cães e gatos — a morte de um pássaro, um camundongo ou rato de estimação, um hamster, um gerbil ou porquinho-da-índia, inclusive de um peixinho dourado, pode ter um impacto profundo e deixar uma marca permanente na criança. Não cabe a nós menosprezá-la, e certamente nunca zombar dela dizendo: "Era só um peixinho dourado." Pelo contrário, devemos conceder-lhe toda a solenidade que ocupa na mente da criança. Gosto particularmente da ideia de ler algo apropriado — por exemplo, um poema sobre a morte de um pardal, ou "O peixe" de Elizabeth Bishop (com os belos últimos versos: "E tudo enfim/ era o arco-íris agora, era o arco-íris agora!/ E eu deixei o peixe ir embora."); ou sobre o fox terrier de Thomas Hardy, Wessex,* ou talvez alguns versos de J. R. Ackerley em *My Dog Tulip*;** ou de Lord Byron sobre a morte de seu cão newfoundland (ou terra-nova), Boatswain,*** ou *Flush: Uma biografia*, de Virginia Woolf; ou "Dinah no paraíso", de Rudyard Kipling, e muitos mais.

---

* Lady Cynthia Asquith descreveu Wessex como "o cão mais despótico que as visitas já tiveram que suportar". Em uma visita à casa de Hardy em Dorset com J. M. Barrie, ela disse que "Wessex era especialmente desinibido na hora do jantar, a maior parte do qual ele passava não embaixo, mas na mesa, andando sem controle e disputando cada garfada de comida a caminho de meu prato à minha boca".

** "Ela estava feliz? Suponho que sim. Afinal, ela havia atendido à necessidade mais urgente de um cachorro, que é doar seu coração e pessoas sóbrias, cuja vida monótona exigia o consolo que ela tinha para dar."

*** "Vós! que, por ventura, contemplais esta urna simples/ Ficais sabendo, não homenageia ninguém que desejais prantear,/ Para marcar os despojos de um Amigo estas pedras se levantam;/ Nunca conheci nenhum, exceto um único — e aqui ele descansa."

Muitas crianças também sentem ter um relacionamento especial com um ser estranho que as *compreende*. Infelizmente, muitas vezes os adultos não entendem isso. Lembro-me com muita vividez de várias vezes durante a infância que convivi com um "animal de estimação exótico" (antes de sabermos como isso era errado), como tartarugas. Elas não nasceram para ficar dentro de uma casa, mas eram compradas em bazares, na época, por 25 centavos. E é óbvio que eu não tinha ideia de como cuidar de um animal assim. Logo, o seu casco amoleceu por falta de cálcio e ela morreu em minhas mãos. Fiquei triste, e quando parentes da minha mãe chegaram e me viram chorando, acharam muito engraçado, riram e debocharam de mim. Lembro com clareza, embora não tivesse mais que 10 anos, como era incompreensível para mim que eles reagissem com deboche à morte de uma criatura amada, não importa quão insignificante fosse aos olhos deles. Mesmo naquela idade, eu sabia que isso era inapropriado, que estavam revelando algo sobre si que achei abominável. A mesma coisa aconteceu quando "meu" (usei aspas para indicar que hoje não pensamos ter a posse desses animais) peixinho dourado foi encontrado boiando em seu pequeno aquário (mais uma vez, hoje sabemos que um peixinho dourado nunca deve ficar sozinho e precisa de um espaço enriquecido e muito maior do que um pequeno aquário) e eu chorei. Isso foi motivo de diversão geral. Nem todos reagem ao sofrimento de uma criança ou de um animal desse jeito, mas muitos sim, e os efeitos nas crianças são duradouros — como posso testemunhar simplesmente lembrando-me da dor e da tristeza que senti, tanto pela perda quanto pela falta de empatia dos adultos ao meu redor.

Espero que essa frieza de coração, por mais bem-intencionada que fosse, tenha mais ou menos desaparecido, e que hoje seja raro um pai castigar uma criança por demonstrar tristeza pela morte de qualquer animal da casa.

Janet Gotkin e seu marido, Paul Gotkin, escreveram o melhor livro contra a psiquiatria que já li, *Too Much Anger, Too Many Tears* [*Muita raiva, muitas lágrimas,* em tradução livre], e essa história contada pela filha dela acertou em cheio ao falar sobre crianças e seus animais:

> Era inverno de 1999 quando Sprinkles foi para casa conosco. Com seis semanas, ele era fofo, branquinho e cabia na palma da minha mão. Enquanto estava grávida de meu segundo filho, atendi aos desejos de minha filha mais velha, Mima, e adotei um gatinho em fevereiro. Sprinkles era do abrigo de animais de Santa Fé, onde nascera de mãe feral.
>
> Ao longo dos anos, Sprinkles foi um elo em nossa pequena família, passou pelo nascimento de meu filho, Salim, e de meu divórcio do pai dele e de Mima, Ahmed. Sprinkles estava conosco quando as crianças e eu nos mudamos para Denver, em 2010, e quando comecei a namorar meu atual marido, Jamie.
>
> Com o passar dos anos, Sprinkles começou a lutar contra a artrite; tentávamos vários medicamentos para controlar a dor. No check-up de seu 18º ano, em janeiro, o veterinário comentou como ele estava saudável e elogiou a exuberância de seu pelo comprido.
>
> Em abril, a dor de Sprinkles já era debilitante. Era uma luta subir as escadas e, muitas vezes, quando descia para comer, tinha que parar no meio do caminho para descansar e não conseguia subir de novo para usar a caixa de areia. No início de maio, eu já o carregava para cima e para baixo e limpava sua sujeira quando ele era forçado a se aliviar no chão da sala se eu não o levasse para a caixa de areia a tempo.
>
> Depois de uma visita comovente ao veterinário, na qual ele gritou de dor, tomamos a decisão de realizar o procedimento de eutanásia. Mima, que estava em Washington na faculdade, comprou uma passagem para casa; e

Ahmed também saiu de Santa Fé para Denver. Afinal, havia sido tutor de Sprinkles também. Tomamos a decisão de abreviar a vida de Sprinkles em casa e marcamos a visita do veterinário.

Chegou o dia. Jamie levou Salim ao Home Depot para comprar coisas para o enterro e uma flor para plantar no túmulo de Sprinkles. Eles começaram a cavar a sepultura antes das cinco da tarde, quando o veterinário chegaria. Com todos nós em torno dele, colocamos Sprinkles em um cobertor na sala de estar; mas como era de se esperar, ele nos levou para a cozinha para sua última refeição. Pré-diabético, a comida era o único consolo de Sprinkles naquelas últimas semanas.

O veterinário lhe deu um sedativo e nos deitamos com ele, acalmando-o até ele adormecer. Relembramos sua personalidade muitas vezes intratável e sua total devoção a nós, sua amada família. Nossos outros gatos ficaram de vigília fora do círculo humano, enquanto nos despedíamos pacificamente e ele adormecia. Depois que ele morreu, Ahmed e Jamie o envolveram em um pano e o colocaram no túmulo. Todos nós recolocamos a terra e plantamos a flor em sua homenagem.

Enquanto chorávamos pela morte de nosso fiel companheiro, eu me maravilhava pela sorte que tive e ainda tenho. Meus filhos adultos, meu ex e meu atual marido e meus demais companheiros felinos se reuniram para homenagear um membro tão importante de nossa família mista. Sprinkles chegou a nós quando nossa família estava crescendo e criou um vínculo conosco ao longo dos anos, passando pela evolução e as mudanças de nossa família.

Embora a morte faça parte da vida, sabemos como ela costuma ser triste e devastadora. A tranquilidade da morte de Sprinkles reforçou como o amor e o apoio

> são essenciais. Embora a partida do querido Sprinkles sempre me encha de tristeza, também me inunda de gratidão e amor.

Talvez você acredite, assim como Shirley MacLaine, que a morte é temporária e que reencontrará seu cachorro. Ela disse aquela famosa frase: "Não sei como é não ter o que quero", e o que ela queria era ver seu cachorro de novo. Ela acreditava que eles tinham estado juntos no antigo Egito em uma vida passada. Se você acredita nisso, pode tentar transmitir esse conceito a uma criança. Mas se não, fingir que acredita pelo bem da criança acarreta muitas dificuldades, como já mencionei anteriormente. Lembre-se de que quando você se depara com uma criança sofrendo pela perda de um animal de estimação, está diante de uma pessoa de luto, ponto-final. E independentemente de quais sejam suas opiniões sobre o animal em questão, de cachorro a peixinho dourado, é importante reconhecer a autenticidade das emoções da criança e honrá-las, levando-as a sério. Se pelo menos um leitor refletir e pensar *Não tinha visto por esse aspecto, que boa ideia,* este livro não terá sido escrito em vão.

Portanto, a resposta à pergunta "Uma criança pode ficar traumatizada pela morte de um animal de estimação?" é "Sim", se os adultos tratarem a morte com desprezo. Você poderia argumentar que qualquer adulto que fizesse isso teria muitas outras oportunidades de traumatizar seus filhos, mas eu não concordo; isso porque nossa cultura tratou o luto por animais de estimação como motivo de riso por tanto tempo que esse comportamento se tornou aceitável e comum sem muita reflexão. Mas concordo que, nos últimos anos, a situação mudou para melhor, apesar da história que conto (que aconteceu há mais de 65 anos, em tempos sombrios!).

O pior exemplo (e tenho vergonha de dizer isso) ocorreu na minha própria família; minha mãe tentou abandonar meu gato. Por algum motivo inexplicável, ela ficou perturbada porque meu gato Bootsie dormia comigo e chupava meu pijama quase onde o mamilo de sua mãe gata estaria. Eu tinha uns 12 anos, de modo que não havia o medo de sufocá-lo. Talvez ela tivesse ciúme. Enfim, ela levou Bootsie para as colinas atrás de nossa casa, perto do Observatório de Hollywood, e o abandonou lá. Só fiquei sabendo disso muito mais tarde, quando meu pai me contou. Para mim, agora, a pior parte é pensar no terror que Bootsie sentiu tentando encontrar o caminho de volta para casa; as pistas falsas, a determinação absoluta de voltar. E ele voltou. Saber disso também afetou meus sentimentos e lembranças sobre minha mãe. Ele fora deixado a cerca de oito quilômetros de nossa casa. Para nós dois o reencontro foi uma alegria, e eu ouvia seu ronronar feroz quando ele se aninhava em mim e se recusava a sair do meu lado, evitando, por motivos que não pude compreender na época, a presença de minha mãe. Mais ou menos uma semana depois — fiquei sabendo disso mais tarde —, ela o levou para mais longe e, dessa vez, ele não voltou. Eu não sabia o que ela havia feito, mas fiquei inconsolável. Como minha mãe poderia ter me ajudado com a dor da perda se ela a causara? Em muitos aspectos, foi pior do que perder meu gato por morte acidental, porque me lembro das muitas noites que passei me perguntando se ele reapareceria de repente e subiria em minha cama. Obviamente, se eu soubesse a verdade (que minha mãe o havia abandonado tão longe que ele não conseguira encontrar o caminho de casa), teria sido ainda pior, pois eu teria ficado arrasado de pensar nas tentativas desesperadas de Bootsie de voltar, em sua incompreensão e em todos os perigos que ele enfrentaria, sem falar em como teria ficado horrorizado com o comportamento insensível de minha mãe. Acho que minha mãe o levou para as profundezas de Hollywood Hills, e ele, como a criaturinha gentil que era, teria sido uma presa fácil para os coiotes, que na época eram bastante comuns na área metropolitana de Los Angeles.

O que minha mãe queria, provavelmente, era que seus dois filhos superassem o que ela considerava o amor infantil pelos animais e, mais especificamente, nossa demonstração "ridícula" de sofrimento por um "simples animal". Minha mãe estava apenas imitando a cultura daqui.

A filósofa Kelly Oliver destaca que, para algumas pessoas, "amar os animais é o equivalente a ser fraco, infantil ou adoecido. Admitir a dependência de animais — particularmente emocional e psicológica, como tutores de animais de estimação costumam fazer — é visto como um tipo de neurose. Amar animais como amigos e familiares é visto como peculiar, na melhor das hipóteses; na pior, como loucura".*

Além da imprudência das ações de minha mãe em relação ao meu gato quando eu era jovem, abandonando-o nas colinas de Hollywood, ela também me privou da oportunidade de chorar a perda dele, pois eu esperava que ele voltasse, como havia feito antes, a qualquer momento. Esperei, esperei, e devo ter perdido um pouco de confiança no mundo. A pior coisa que um pai pode fazer a um filho quando um animal que ama morre é mentir para ele, dizendo, por exemplo, que foi morar em uma fazenda; porque, obviamente, as perguntas seguintes seriam "Por quê?" e "Quando podemos visitá-lo?". Com o tempo, a mentira será descoberta, e a tendência natural da criança de sofrer pela perda terá sido sabotada. Em meu caso, minha mãe não queria ouvir falar do meu gato, obviamente porque isso lhe recordava sua culpa (pelo menos, espero que ela tenha se sentido culpada); portanto, fiquei desamparado, o que não é justo. Toda criança deve ter permissão para sofrer pela morte de seu animal à sua maneira, mas também deve ser informada de que outras pessoas da família também estão sofrendo e desejam compartilhar a experiência com ela. É um momento delicado para uma criança, geralmente a primeira experiência com a morte, e ela não deve ser deixada sozinha para enfrentar isso.

Se acreditamos que permitir que uma criança ame o animal de estimação da família com todo o coração é bom para sua alma (o que sem dúvida é), temos que estar preparados para acompanhá-la a lugares mais sombrios quando esse animal amado a deixar para sempre. No mínimo, podemos lhe mostrar que sempre estaremos ao lado dela.

---

* "Pet Lovers, Pathologized", *The New York Times,* 30 de outubro de 2011.

8

Devemos comer nossos amigos?

Desde muito jovem, renunciei ao consumo de carne, e chegará o tempo em que homens como eu verão o assassinato de animais como agora veem o assassinato de homens.

Leonardo da Vinci

Agora que você está quase terminando este livro e refletindo profundamente sobre a dor que sentiu quando seu cachorro, gato, pássaro, cavalo ou qualquer outro animal que teve como amigo morreu, quero que avalie se não seria um bom exercício imaginar seu amigo em seu prato. Suponha que o frango que vai comer no jantar seja uma ave que viveu com você durante anos e anos (afinal, galinhas podem viver 25 anos ou mais, como muitos pássaros grandes). Seria capaz de espetá-lo com o garfo? Conseguiria pedir a alguém à mesa que lhe passasse a coxa ou o peito dele, sendo que acariciara esse mesmo peito quando era criança e estava triste, e sua ave parecia ser seu único amigo? Suponho que algumas responderiam "Sem problemas", mas suspeito que sejam a minoria. A maioria de nós relutaria muito a comer um amigo. E embora o que descrevi seja um experimento mental, não é nada implausível ou exagerado. Muitas pessoas se relacionam com galinhas, algumas com vacas, muitas com porcos, algumas com ovelhas, e também com todos os animais que comemos: patos, cabras e, claro, coelhos e todos os animais que vivem em uma fazenda. Esse foi o assunto de um livro que escrevi chamado *The Pig Who Sang to the Moon* [*O porco que cantava para a Lua,* em tradução livre], ou, como se chamou na Inglaterra, *The Secret World of Farm Animals* [*O mundo secreto dos animais de fazenda,* em tradução livre]. Todos esses animais têm personalidade e uma vida que vale a pena ser vivida, com amigos, família, filhotes e seus companheiros. Eles estão, assim como nós, decididos a viver o máximo que puderem, sem danos para si ou seus entes queridos. Imagine o terror de uma porca que vê, ouve e sente o cheiro da morte de sua mãe em um matadouro e sabe que sua vez está chegando. Ela fica paralisada de horror, e é impossível que alguém que tenha coração acredite que nada está passando pela cabeça dela nesse momento. Ela está tomada por um medo terrível, assim como nós estaríamos. E é tão desnecessário! Comer sua carne apressará nossa morte e a de nosso planeta, e isso já é bem conhecido, está bem documentado por literalmente centenas de bons artigos revisados.*

Portanto, se algo é bom para nós, bom para os animais e bom para nosso planeta, não deveria ser difícil tomar a decisão de seguir nessa direção. Digo "seguir" porque percebo que nem todo mundo pode se tornar subitamente vegetariano ou mesmo vegano. Geralmente leva algum tempo, de modo que qualquer atitude nesse sentido é boa. Por exemplo, você pode ser "veganeiro" (vegano durante o mês de janeiro), ou instituir uma "segunda sem carne"; essas são etapas que as pessoas realizam no caminho para uma dieta baseada

* Um bom exemplo é George Monbiot, recém-convertido ao veganismo: <https://www.theguardian.com/commentisfree/2018/jun/08/save-planet-meat-dairy-livestock-food-free-range-steak>. Veja também o seguinte artigo dele: "Nothing hits the planet as hard as rearing animals. Caring for it means cutting out meat, dairy and eggs", em <https://www.theguardian.com/commentisfree/2016/aug/09/vegan-corrupt-food-system-meat-dairy>.

em produtos de origem vegetal. E "baseada em produtos de origem vegetal" não significa comer *principalmente* vegetais; significa comer *apenas* vegetais. Mas se você está chegando lá, parabéns. O famoso mantra do escritor e ativista Michael Pollan, "Coma comida. Não muita. Principalmente plantas", pode e provavelmente deveria ser reformulado para "Coma comida, não muita, *somente* plantas". Quando escrevi sobre isso, alguns anos atrás, muitos disseram que eu estava sonhando; mas hoje, mais e mais pessoas no mundo todo estão tentando reduzir a ingestão de produtos de origem animal. A definição de vegano é uma pessoa que não come nada que provenha de um animal: nada de carne vermelha, frango, peixe, ovos, laticínios e mel. Além disso, não usa produtos de origem animal, como couro, pele, lã e seda. Acho que é possível ver a lógica disso.

Não é extremo de forma alguma; é simplesmente ser coerente. Se você acredita que as bezerras sofrem quando são separadas da mãe ao nascer, para que o leite desta possa ser destinado aos humanos; que não é bom que bezerros machos sejam mortos assim que nascem porque são inúteis em uma fazenda de gado leiteiro; ou que as galinhas não devem viver confinadas em gaiolas onde mal conseguem ficar em pé só para que possamos pegar seus ovos (só bem recentemente se soube que os pintinhos machos, como não são "úteis", são triturados para produzir alimentação animal assim que nascem), é lógico que decidirá não comer ovos ou laticínios pela simples razão de que não deseja ser cúmplice do sofrimento que esses produtos inevitavelmente implicam. Ovos e leite em um supermercado parecem inofensivos, mas a história deles é sombria e envolve violência em uma escala quase impossível de imaginar. Se tiver estômago, basta acessar a internet e ver imagens reais das condições em que vacas e galinhas são criadas; ou assista a um bom documentário com mais detalhes, como *Cowspiracy: O segredo da sustentabilidade*, *Que raio de saúde* (*What the Health*), ou *Troque a faca pelo garfo*.

Assim como é inimaginável para nós pensar em nossos cães, gatos e papagaios como alimento de outros humanos, também devemos fazer a conexão cognitiva e imaginativa com *todos os* animais sencientes, ou seja, capazes de sofrer. Agora todos reconhecem que os humanos não são os únicos animais que sentem dor, sofrem e desejam manter sua integridade física. Observe como seu cão treme de medo quando (erroneamente) acha que você está com raiva e vai machucá-lo. Eles são projetados, assim como nós, para fugir de qualquer ameaça ao seu bem-estar físico. E a morte é a maior delas.

Mas o principal que você precisa fazer é muito simples: extrapolar seu amor por seu cachorro, gato, pássaro ou peixe, quanto sofre com a morte deles, e tentar imaginar isso em maior escala, tão vasta que quase derrota nossa imaginação. Mas tente, mesmo assim. Cerca de três bilhões de animais (se incluirmos os peixes) em todo o mundo são mortos para nos alimentar todos os dias. Nos Estados Unidos, 25 milhões de animais de fazenda são abatidos todos os dias — país onde, todo o ano, mais de nove bilhões de galinhas são mortas (eu queria escrever "assassinadas", mas percebi que soa estranho, *embora seja verdade*). Quando vemos os números em escala global e anual, não somos capazes de compreendê-los; cerca de três trilhões de peixes (a perspectiva de oceanos vazios é iminente) e quase sessenta bilhões de outros animais são mortos para a alimentação de humanos.

Alguém poderia alegar que isso é "natural", que as coisas têm que ser assim (seja lá o que isso signifique)? Lógico que não. Quer acredite ou não que os humanos devam comer outros animais, quando passamos a ser uma espécie moderna (cerca de cinquenta mil anos atrás) certamente comíamos carne, mas em uma escala minúscula, e a matança era cercada de tabus, rituais e até desculpas (podemos ver isso ainda hoje nas sociedades aborígines da Austrália, nas quais matar um canguru é um acontecimento importante, não encarado levianamente). Dificilmente alguém se sente bem matando um animal. Funcionários de matadouros vivem notoriamente sob estresse porque o trabalho é terrível, é difícil se acostumar a ele; é contra nossa natureza tirar *uma vida*.

Como exercício, quando estava escrevendo um livro sobre tornar-se vegano, *The Face on Your Plate*, [*O rosto em seu prato*, em tradução livre], decidi perguntar às pessoas, o mais educadamente possível, o que as impedia de se tornar vegetarianas ou veganas. Em outras palavras, por que comiam carne. Visto que tantas vezes me perguntaram por que eu era vegetariano, achei que valia a pena virar o jogo. As respostas foram interessantes. Às vezes, eu era recebido com um olhar vazio, como se dissesse: "Que pergunta boba. Como carne porque todo mundo come carne." Isso foi há muito tempo. Hoje, a maioria das pessoas conhece alguém, inclusive na família, que não come carne, e todos já ouviram falar, leram ou assistiram a algo sobre assuntos relacionados, de modo que agora as respostas são mais complexas. Portanto, "Eu como carne porque todo mundo come carne" está aos poucos se tornando um argumento obsoleto. Outras respostas tomaram seu lugar.

Às vezes, as pessoas me diziam que os humanos *sempre* comeram animais. Sem dúvida, isso é verdade, mas, da mesma forma, também poderíamos dizer que os humanos sempre tiveram escravos, ou trataram mal aqueles que eram vistos como *outros*, ou consideravam os homens superiores às mulheres, ou foram inerentemente racistas (preferindo sua própria raça) e assim por diante. O fato de o consumo de carne ser historicamente onipresente não é um bom argumento para explicar por que deveria continuar existindo.

Agora, acho que as respostas são mais pessoais, em geral: "É mais fácil." Não há muito que se possa dizer para retrucar nesse caso. E o mesmo com "Eu gosto do sabor". Alguém poderia perguntar: "Mesmo sabendo do sofrimento envolvido?" Mas se a resposta for "sim", mais uma vez não é possível argumentar. "Nunca pensei muito nisso" pode tornar um pouco mais fácil continuar a discussão. É possível argumentar: "Acha que vale a pena pensar mais profundamente nisso, dada a situação?" Porque esse último trecho da frase deixará alguém que não pensou muito nisso intrigado: "Qual situação?" pode ser a pergunta seguinte, e isso abre o tema do meio ambiente, das preocupações com a saúde — e, para mim, o mais importante, a vida, ou melhor, a morte dos animais envolvidos.

Alguns dirão: "Desde que o animal tenha tido uma vida boa, não me incomoda uma morte rápida e indolor se um humano se beneficiar." Mas todos esses termos são problemáticos; como podemos definir uma *vida boa*? Podemos afirmar que um animal privado de tudo que faz a vida valer a pena (amigos, parceiros, filhos, liberdade de movimentos e, talvez, o mais importante, uma vida normal) tem uma vida boa? Afinal, quem decide se a vida é boa? (Ninguém, reforço, tem o direito de dizer a alguém que sua vida não vale a pena ser vivida.) A *morte rápida e indolor* é uma forma de negação; não queremos saber o que acontece no momento do massacre e, quando sabemos, a imagem não é otimista; inúmeros vídeos provam isso. O terror está presente, sem dúvida; erros são cometidos e a morte costuma ser lenta e extremamente dolorosa. E o ser humano com problemas cardíacos, obesidade, câncer e outras doenças diretamente relacionadas ao consumo de carne se beneficia? Duvido muito.

Vou falar sob um ponto de vista mais pessoal e contar sobre minha vida em relação ao consumo de animais. Eu nasci vegetariano, coisa rara para aquela época (sou de 1941). No início da década de 1940, meus pais eram muito envolvidos com o hinduísmo, de modo que decidiram que minha irmã Linda e eu nunca comeríamos carne. Quando fui para Harvard, em 1961, achei muito difícil continuar vegetariano, e lentamente fui acrescentando primeiro atum e depois todos os outros animais à minha dieta. Na época, não pensei no componente ético — era simplesmente mais fácil imitar o que todo mundo fazia. Não pensei muito a respeito. Com o passar dos anos, isso começou a mudar lentamente. Há 25 anos escrevi *Quando os elefantes choram,* um livro sobre a vida emocional dos animais, que me fez voltar às minhas raízes vegetarianas, pois era estranho escrever sobre como os animais selvagens vivenciavam profundamente as mesmas emoções que nós e depois comê-los no jantar. Mas eu não havia pensado nos laticínios e ovos. Quando conheci minha esposa, Leila, em 1994, éramos ambos vegetarianos. Eu não sabia muito sobre veganismo ou a dieta baseada em produtos de origem vegetal (quando conheci o ativista Cesar Chavez brevemente, ele me disse que não comia carne nem ovos ou laticínios, mas não explicou a razão; naquela época, não entendi por quê). Foi só quando comecei a pesquisar o mundo emocional dos animais que vivem em fazendas que percebi quanto sofrimento estava envolvido na produção de leite e ovos. Então, a ficha caiu. Eu não poderia, em sã consciência, fazer parte desse sofrimento; só continuaria a consumir produtos de origem animal se não pensasse de onde provinham ou no que estava envolvido em sua produção — e não consegui fazer isso. Depois de saber a verdade não poderia voltar atrás e não saber, e então, tornei-me vegano. Foi muito mais fácil do que esperava, e a sensação de viver em consonância com minhas crenças foi um grande alívio. Já se passaram 17 anos, e é uma mudança permanente. Acho que se eu tivesse conseguido estabelecer uma conexão entre meu amor pelos cães e gatos e os outros animais na minha vida, teria chegado a esse ponto antes. Imagine quantas vidas eu poderia ter salvado! A organização Pessoas pelo Tratamento Ético dos Animais (PETA) calcula que, a cada pessoa que se torna vegana, 198 animais são salvos por ano; isso é impressionante. Quanto menor a demanda por carne, menos animais são mortos. Se o mundo inteiro se tornasse vegano, *nenhum* animal seria morto para servir de alimento. Esse não é um objetivo que vale a pena tentar alcançar?

9

Os cães no resto do mundo

Um cachorro pequeno se lembra da injustiça por mil anos.

Provérbio chinês

Viajei para Bali, China, Coreia do Sul, Vietnã, Camboja, Tailândia, Laos, Nepal e Índia. Em todos esses países, vi algo que me surpreendeu: todos tinham suas versões de *cães de rua*.* Esse é um termo interessante. Por um lado, esses cães podem estar muito mais próximos do "cão" original que as várias raças que criamos (certamente, na aparência), mas não são cães "selvagens" (e, a propósito, por que o mundo está tão preocupado com o orangotango indonésio, mas não com os cães de Bali, uma espécie igualmente ameaçada?). O dingo da Austrália, por outro lado, é um cachorro "selvagem", você não pode simplesmente abrir os braços e esperar que ele abane o rabo de alegria. Os dingos podem ser domesticados, mas não o são por natureza. Um cachorro de rua na Índia, por outro lado, está sempre pronto para se tornar parte de uma família. Os que vi nesses países são mais como

* Leila, Manu e eu recentemente estávamos fazendo uma caminhada no Nepal e ficamos surpresos com a quantidade de cães de rua de aparência saudável que vimos, especialmente em aldeias com templos. Eles ficavam deitados ao sol; pareciam muito contentes e nem um pouco desnutridos. Alguns tinham coleira, mas pareciam viver felizes nas ruas.

os que ficam em abrigos esperando pela adoção e torcendo por um tutor gentil. O termo se refere principalmente a cachorros que vivem soltos; assim como *pessoas em situação de rua*, não têm domicílio fixo. Mas ao contrário de algumas dessas pessoas, os cães têm família — ou seja, outros cães com quem formam matilhas, não para caçar, como seus ancestrais, só pelo puro prazer de estar com outros seres de sua espécie. Não é o fato de terem encontrado amigos que me surpreendeu, mas sim a transformação que pude ver, ao longo dos anos, das pessoas que encontraram esses cães. Eles podem estar esperando há séculos serem adotados por alguma família, mas uma verdadeira transformação está acontecendo há cerca de vinte anos, acho.

Lembro de estar em Bali e ver pessoas atirando paus nos cachorros (chamados de cães *balinese heritage* [de herança balinesa], porque não são exatamente como os de qualquer outro lugar; são geneticamente únicos e têm tons de pelo do dingo australiano) sempre que os viam. Isso foi há anos. A partir de 2004, o governo permitiu a importação de cães de raça, e isso tem sido um problema terrível. Eles acasalam com os *balinese heritage* e o patrimônio genético dos dois é imediatamente destruído.

Desde 2005, estima-se que a população de cães autóctones diminuiu 80% devido a esse cruzamento, ao assassinato de cães supostamente acometidos por raiva, e ao comércio de carne de cachorro — sobre o qual falaremos mais adiante. Da última vez que estive em Bali, em 2015, a situação havia mudado drasticamente; as pessoas estavam adotando cachorros "de rua" não como cães de guarda, e sim por compaixão e desejo de ter um amigo morando em casa com a família. O que gerou essa mudança? Em parte, deve-se a uma organização maravilhosa, a Bali Animal Welfare Association (BAWA), criada em 2007 pela norte-americana Janice Girardi. Como eu, ela ficou chocada ao ver como os balineses tratavam os cães de rua. Adotar tantos quantos pudesse não era uma solução de longo prazo, mas ela percebeu que grande parte do medo da população se devia à hidrofobia, e que se ela pudesse vacinar todos os cães de Bali, esse medo desapareceria. Janice se propôs a realizar essa façanha heroica e foi bem-sucedida.

Quando estive em Bali, encontrei um amigo da Nova Zelândia que havia adotado um desses cães únicos, que se sentava na garupa de sua motocicleta e quando via algo interessante, pulava (não importava o quão rápido eles estavam); horas depois, com sua curiosidade saciada, voltava para casa nas colinas. Ele conseguia encontrar o caminho para casa de qualquer lugar em Ubud (capital cultural de Bali), por mais distante que estivesse. Ele era um embaixador dos cães. Todos que o viam o amavam.

Lentamente, o trabalho de Janice começou a dar frutos; mais pessoas se interessaram pelos cachorros, e eles ficavam muito felizes por se tornarem parte de uma família. Muitas vezes me perguntei como os cães de todos esses países simplesmente esperam que as pessoas percebam como é maravilhoso ter um cachorro em casa e na vida. Enquanto isso, eles não se tornam selvagens ou hostis aos humanos; apenas esperam pacientemente até percebermos.

Do jeito que falo, parece que a transformação foi totalmente bem-sucedida. Infelizmente, isso não é verdade. Em 2008, a população de cães em Bali foi estimada em aproximadamente seiscentos mil. Com o surto de raiva e o subsequente abate em massa, o número caiu para aproximadamente 150 mil cães. Se os números continuarem caindo, os cães de Bali correrão risco de extinção. Podemos chorar pela perda de uma espécie inteira? É lógico que sim, e devemos fazê-lo. Além do abate organizado, centenas de cães perdem a vida todas as semanas para o comércio de carne, atos de crueldade, doenças, acidentes com veículos motorizados e negligência básica. A situação é terrível, e o animal magnífico que é o cão *balinese heritage* está sob ameaça. Apesar do trabalho maravilhoso que a BAWA faz, estima-se que sessenta mil a setenta mil cães são mortos a cada ano para servir de alimento. Sim, as atitudes estão mudando, mas o cão de Bali ainda é uma espécie ameaçada de extinção, e a razão é que as pessoas querem (ou acreditam falsamente que necessitam?) comê-los.

Muitas vezes me pergunto: o que acontece quando a cultura não permite ou não incentiva que choremos pela perda de um animal? Em quase todos os lugares do mundo estamos vendo uma grande mudança cultural relacionada a cães. Isso não é moda; é permanente. É óbvio, sempre houve pessoas de alguma forma ligadas aos cães. Afinal, eles estão conosco há pelo menos trinta mil anos. Portanto, sem dúvida, muitas pessoas (senão a maioria) gostariam de chorar pela morte de seu cachorro. Mas o que acontece quando a cultura (balinesa, chinesa, sul-coreana ou europeia) não encoraja o que é rotulado de sentimentalismo extremo ou coisa pior?

Parte do problema é que os balineses esqueceram um fragmento de sua própria herança. Bali faz parte da Indonésia, mas enquanto o resto desse país é principalmente muçulmano, Bali é quase totalmente hindu. Ser hindu significa que eles têm em sua tradição uma história importante sobre cães do reverenciado *Mahabharata* (o *Bhagavad Gītā* é um texto dentro do épico maior). É um livro enorme, frequentemente chamado de "o poema mais longo já escrito", consistindo de cerca de duzentos mil versos (cerca de dois milhões de palavras) em sânscrito, compostos em algum momento entre os séculos V a.C e o I d.C. Como estudante de sânscrito tanto na graduação quanto na pós-graduação, li grande parte dele. A história que mais me marcou tem a ver com um cachorro. Um livro inteiro poderia facilmente ser escrito sobre esse episódio do grande épico, mas, em essência, fala dos guerreiros governantes do reino, após uma grande batalha que basicamente mata quase todos, amigos e inimigos. De ambos os lados, os homens tornam-se completamente desiludidos não só com a guerra, como também com o mundo em geral. Os governantes Pandava partem para o Himalaia e começam a ascensão ao céu. Um cão de rua se junta a eles e, embora eles fossem considerados necrófagos, Yudhishthira, o grande rei, desenvolve afeição por esse cão magro e permite que viaje com eles. Um a um, os irmãos e sua esposa (eles compartilham a mesma), Draupadi, vão ficando para trás — ou seja, eram considerados indignos da ascensão ao céu.

Yudhishthira explica o motivo: Draupadi favorecia Arjuna (ela deveria amar todos os seus maridos igualmente), os gêmeos Nakula e Sahadeva eram muito orgulhosos de sua beleza, Bhima tinha orgulho de sua grande força e Arjuna era vaidoso de suas habilidades com o arco. Todas essas falhas morais os impediam de alcançar o céu. Só o cachorrinho de rua e o rei continuaram a jornada para o Norte, só eles permanecem — o rei compassivo e brando, Yudhishthira, que havia tentado de tudo para evitar a carnificina da grande guerra com a qual estava completamente desiludido, e o cão fiel. Eles alcançam os portões do céu, e lá uma carruagem aparece, pronta para levar o rei virtuoso para o reino celestial. Ele sobe na carruagem com o cachorro logo atrás de si, mas o cocheiro intercepta o cão e diz que os cães não podem entrar no céu. Então, Yudhishthira profere um belo discurso, sobre como o cão foi fiel a ele durante toda a longa viagem, e que não subiria ao céu se um ser como o cachorro tivesse que ficar para trás. Ao fim desse discurso nobre, o cão revela ser ninguém menos que o deus Yama Dharmaraja, senhor da morte e da justiça, e elogia o rei por sua bondade e empatia. Dada a popularidade dessa história, você pensaria que os balineses, conhecendo-a desde crianças, levariam a sério a lição sobre os cães. Afinal, não é preciso que o *Mahabharata* nos diga que os cães são fiéis; todo mundo sabe disso. Mas os balineses precisam ser lembrados. E é exatamente isso que a maravilhosa BAWA está fazendo.

Quando observamos culturas nas quais os cães são rotineiramente vistos como alimento, a situação fica mais complexa. No mundo todo, cerca de 25 milhões de cães são mortos todos os anos para servir de alimento (vinte milhões abatidos somente na China, mesmo essa prática sendo ilegal). Refiro-me à China, Vietnã e Coreia do Sul, onde carne de cachorro é servida em restaurantes, especialmente em ambientes rurais (vi isso também em Tonga, na Polinésia, onde comer cachorros parece ser tradicional e amplamente aceito). Não há muitas pesquisas feitas sobre o hábito de comer cachorros nesses países, de modo que é difícil dizer até que ponto chega o "costume".

Mas parece ter vários milhares de anos, pelo menos na China e na Coreia do Sul. Conversei sobre este assunto com pessoas nos três países, e ficou claro que havia hesitação em falar sobre isso. A explicação usual é que as pessoas ficam envergonhadas quando veem que os turistas ficam horrorizados ao ver carne de cachorro em um restaurante. Bem, claro que vem o contra-ataque: vocês comem porcos, e porcos são tão inteligentes quanto cachorros. É verdade, mas não acho que seja esse o motivo da reação. Acho que está relacionado com a natureza dos cães. Assim como o grande épico indiano reconhece a grande fidelidade de um cão, pessoas de todas as culturas, incluindo aquelas nas quais se comem cães, reconhecem suas virtudes. As pessoas os comem, mas não acredito que não sintam uma pontada de arrependimento e tristeza por isso. Talvez não sintam. Um jornalista estava fazendo perguntas sobre esse assunto e encontrou um senhor, morador de Taizhou, que disse "esperar o inverno para escolher um cachorro para servir, assim como se escolhe um peixe para servir em um restaurante de frutos do mar".* (Alguns de nós também têm escrúpulos quanto à seleção de peixes para comer — sei que eu nunca suportei ver isso; quando era criança, meu pai comia ostras bem "frescas", ou seja, vivas, e eu ficava horrorizado.) Se você teve a infelicidade de ver as diversas fotos na internet da carinha triste dos cães presos em gaiolas esperando a morte, sabe o que quero dizer. Eles ficam confusos, e se alguém se aproxima da gaiola com uma intenção que não parece agressiva, começam a abanar o rabo hesitantemente. Afinal, é da natureza deles ser nossos companheiros, não nossa comida.

É evidente que eles estão tristes, desorientados e apavorados. Como não imaginar seu estado emocional e mental se está estampado na carinha deles? Não acho que seja antropomorfismo reconhecer os terríveis sentimentos que existem dentro desses animais; é

---

* Lucy Mills, "Dog Meat, to Eat or Not to Eat?", *China Daily*, 2 de fevereiro de 2012. Disponível em: <https://global.chinadaily.com.cn/a/201202/02/WS5a1692cea31040ac000dd125.html>.

simplesmente empatia. Talvez eles não tenham consciência de que serão assassinados; esse conceito pode não existir para eles. Mas a sensação de que algo terrível está para acontecer com certeza é a origem do tremor e medo terrível que sentem. Tal situação configura uma visão e um pensamento insuportáveis. O bom é que em todas essas sociedades existem organizações de defesa dos animais que estão assumindo a responsabilidade e tentando mudar a cultura. Às vezes (como aconteceu recentemente no Vietnã), eles param um caminhão com centenas de cães a caminho do abate e os soltam à força, levando-os a um abrigo onde encontrarão (ou assim esperam) um lar para eles.

Na Coreia do Sul, existe um tipo especial de cachorro chamado *nureongi,* que tem pelo amarelo e é considerado por quase todos como alimento e remédio, mas nunca como animal de estimação. As origens desse cão se perderam. Seria um cão sul-coreano original, como o dingo australiano? Ou simplesmente um cachorro de "aldeia", ou o que os indianos chamam de cachorro "pária"? Assemelha-se ao cão nativo balinês? Muitos países na Ásia têm esses cães (provavelmente porque a tentativa de criar raças chegaria muito mais tarde à Ásia que à Europa. Possivelmente, na Idade Média, a Europa também tivesse desses cães). Até certo ponto, eles sempre foram evitados pelos humanos. É óbvio que é impossível saber, a esta distância no tempo (algo entre 15 mil e quarenta mil anos que os cães estão "conosco"), o que eles eram para nós originalmente. Talvez não fossem uma coisa só: para crianças, um irmão; para as mulheres, um bebê que, assim como as crianças, era um ser indefeso que precisava de proteção e cuidados; para os homens, pelo menos para alguns, pode ter sido um companheiro, um guarda, um ajudante de caça ou, infelizmente, uma refeição. Uma coisa é certa: não havia raças ou tentativas de transformar os cães em algo que achamos fofo ou interessante, e é certamente por isso que os cães de "aldeia" no mundo todo são semelhantes. Só muito recentemente introduzimos a ideia de cães criados para ter a aparência que queremos. Talvez seja errado dizer que esses cães sempre foram evitados pelos humanos. Afinal, esse cão de rua, ou como se decida chamá-lo, deve ter sido o cão "original" que nos acompanhava quando éramos caçadores--coletores. Não consigo imaginar que o cão sul-coreano tenha uma constituição emocional diferente da de qualquer outro cachorro; o que ele deseja é fazer parte de uma família humana. A tragédia é que ele nunca realizará sua vontade.

Na China, há o famoso Festival de Yulin, realizado anualmente durante o solstício de verão em Guangxi desde 2009. Pelo menos dez a 15 mil cães (e gatos) são abatidos por sua carne e servidos no "festival" (que tipo de festival é esse que permite tamanha crueldade?). Recentemente, houve um enorme retrocesso na China e no exterior; muitos vídeos e fotos mostram o que são visivelmente cães de estimação, com coleira no pescoço, que foram obviamente sequestrados de suas casas legítimas. Os cães aparecem absolutamente apavorados; talvez não tenham consciência do que está para acontecer, mas é difícil se livrar do pensamento de que sentem algo terrível enquanto procuram seus amigos humanos freneticamente com os olhos. Não dá para ver essas imagens sem chorar. "Eu estive em Yulin no final do mês passado", escreveu Peter Li, um professor associado de política do Leste Asiático da Universidade de Houston, em um artigo publicado pelo *South China Morning Post* em junho de 2015 e amplamente compartilhado. "O que eu vi foi uma cidade se preparando para um massacre anual. Um matadouro no mercado Dong Kou da cidade acabou de receber um novo suprimento de cães enviados de Sichuan", continuou ele. "Os cães e gatos descarregados estavam esqueléticos, desidratados e apavorados; muitos tinham coleira e exibiam comportamento associado a animais de estimação."

Como disse o ator Ricky Gervais na época: "Seja você ateu ou crente, vegano ou caçador, tem que concordar que torturar um cachorro e depois esfolá-lo vivo é errado." Ele se refere à prática de causar o máximo de sofrimento espancando o cão até a morte ou esfolando-o vivo, pois se acredita que isso melhora o sabor da carne. É uma ideia repugnante, tanto quanto a tortura que faz parte da rotina da guerra, desde a antiguidade até Abu Ghraib. Será que algum cachorro já se perguntou se cometeu um erro fundamental ao se aliar a nós? Sem dúvida, alguns desses soldados sofreram com a perda de um cachorro amado. Então, o que os impede de aplicar a empatia que sentiram a "outros" humanos?

O que considero insuportavelmente triste é o fato de que quase ninguém chora a morte de tantos cães. Cada um tem uma história de vida, uma biografia, que merece ser conhecida e celebrada em detalhes. O luto por nossos animais de estimação é nossa maneira de reconhecer sua individualidade e como enriquecem nossa vida. Cada um desses cães mortos por sua carne era um companheiro doméstico em potencial. Quando li este capítulo para alguns amigos, um deles contestou (como eu sabia que seria inevitável em algum momento) que, diante de todas as coisas terríveis que acontecem na China, como podemos limitar nossa indignação a cães e gatos? Ele citou como exemplo o tratamento dado aos uigures muçulmanos na província chinesa de Xinjiang, onde representam cerca de 45% da população. Em agosto de 2018, a *BBC* relatou que Gay McDougall, membro do Comitê da ONU para a Eliminação da Discriminação Racial, estava preocupada com relatos de que Pequim havia "transformado a região autônoma uigur em algo que se assemelha a um campo de confinamento em massa". Dada a escala desse horrendo campo (abriga cerca de um milhão de pessoas), como posso reclamar da morte de 15 mil cães? Bem, em minha opinião, uma atrocidade não anula outra. É possível ficar indignado *tanto* com a morte de cães *quanto* com o tratamento dado aos uigures. Podemos até nos perguntar se é possível ver uma conexão nisso; se a pessoa endurece o coração diante do massacre de cães, é mais fácil fazer o mesmo diante de pessoas que são diferentes — neste caso, os uigures. Não consigo imaginar uma ativista chinesa em defesa dos cachorros dizendo que não está nem um pouco preocupada com os uigures. Nem todos conseguem se envolver o tempo inteiro em todas as coisas terríveis que acontecem no mundo. Nós escolhemos nossa causa segundo nossas habilidades e interesses. Acho difícil entender todas essas barbaridades, mas só me sinto competente para escrever sobre uma delas e, mesmo assim, com hesitação, devido às minhas limitações. Mas é importante que façamos alguma coisa!

Cada vez mais vietnamitas (e sul-coreanos e chineses. Vi isso também no Camboja) estão adotando cães. Infelizmente, a maioria dessas pessoas quer um cão de raça pura (poderíamos dizer um cão ocidental?): um poodle, um pastor alemão, um labrador amarelo, como se o cão da aldeia fosse um tipo diferente de animal. Óbvio que não é. É um cachorro, e com carinho e atenção, vai se tornar o que deveria ser: um animal de estimação que vive para nós. E em muitos casos, passaremos a ser pessoas que vivem para ele. É uma relação na qual todo mundo sai ganhando.

Li na internet o relato de uma jornalista chinesa contando que, quando ela era bem novinha, seus pais lhe deram um cachorrinho que se tornou, como quase sempre é o caso, seu melhor amigo e confidente (os cães nunca revelam segredos). Um dia, ela voltou da escola e encontrou seu cachorro pendurado no quintal, sendo transformado em sopa. Ela nunca superou esse trauma. Acho que posso dizer com segurança que quase qualquer criança que tenha visto isso sofreria efeitos duradouros. Felizmente, os tempos estão mudando bem depressa — não só na China, como em quase todos os lugares onde cães compartilham a vida com humanos. É muito mais comum ver uma família no Camboja, Laos ou na Coreia do Sul realizando um ritual de luto por seu amado cachorro que participando de um banquete feito com sua carne. Será que os cães foram postos na Terra para tornar os humanos mais humanos, mesmo que isso demore um pouco mais que o esperado?

10

Raiva pela luz que se apaga: a psicologia do luto por um animal

Nunca perdemos aquilo que desfrutamos profundamente.
Tudo que amamos profundamente se torna parte de nós.

Helen Keller

Os cães, assim como as pessoas, expressam seus sentimentos no momento da morte de maneiras muito diferentes. Aqui estão alguns exemplos que ouvi de amigos que estavam presentes quando seus cães morreram:

> "Ele lutou com unhas e dentes a cada momento."
> "Ele olhava para mim incrédulo, como se perguntasse 'Como isso aconteceu?'"
> "Ela choramingou e me lançou um olhar desamparado."
> "Ela parecia conformada, mas profundamente triste."
> "Ele tremia inteiro."
> "Ela apenas suspirou, como se estivesse aliviada."

Mas todas essas várias reações provocaram um único comentário de cada pessoa que me contou sobre elas: "Isso me deixou devastada."

Certamente, a razão pela qual sofremos com a perda dos cães com tanta intensidade é porque reconhecemos neles uma profundidade de emoção igual (ou, como já sugeri, superior) à nossa. Amamos os cães porque eles nos amam também; temos fortes sentimentos por nossos cães porque eles retribuem da mesma forma. Portanto, acredito que seja natural perguntar se eles lamentam nossa morte como lamentamos a deles, e se eles se sentem igualmente perdidos quando "seu" humano morre. Existem muitas histórias, certamente. Como a de Hachikō, o akita japonês que esperou na estação de trem de Tóquio todas as noites durante nove anos depois que seu companheiro humano faleceu, em 1925.* Ou ainda a última encarnação de Masha, em 2014, que acompanhou seu humano amigo ao Novosibirsk District Hospital Number One, em Koltsovo, Sibéria, e como o homem não saiu do hospital com vida, recusou-se a deixar o local, mesmo com o inverno chegando e as temperaturas caindo abaixo de -20 °C. Durante um ano Masha esperou, até que finalmente a equipe do hospital decidiu adotá-lo como mascote. No hospital, agora ele visita os doentes e moribundos para lhe levar o conforto que só um cachorro pode oferecer.** A grande diferença, lógico, é que ninguém pode explicar ao cão o que aconteceu. Quando se trata dessas questões emocionais profundas, não dá para argumentar com um cachorro. Já ouvi uma criança ser consolada com a explicação de que pelo menos o cachorro dela não teve que sofrer com sua morte (da criança), e sim o contrário. Pessoas idosas que vivem com cães e gatos se preocupam com a possibilidade de seus animais sofrerem sozinhos quando as perderem. Talvez poucos cheguem ao ponto a

---

* Uma foto real dele na estação apareceu recentemente. Consulte o site em inglês: <https://www.thedodo.com/rare-photo-of-loyal-dog-hachiko-1446468544.html>.

** <http://siberiantimes.com/other/others/news/n0030-heartbroken-little-dog-becomes--siberias-own-hachiko/>. Além disso, foi em 2014, não em 2019.

que chegou Karl Lagerfeld, que, quando morreu, deixou para sua gata birmanesa, Choupette, centenas de milhões de dólares (talvez esquecendo que só o animal humano tem interesse por dinheiro), mas também não querem que seus animais fiquem completamente sozinhos. Não sei se há muito que se possa fazer para aliviar a dor de um cão ou gato.

Mas dá para fazer isso com um humano? Afinal, o que dizer a alguém que acabou de perder seu cachorro ou gato? Todos os clichês que aplicamos à morte humana são igualmente vazios nessa situação. Nunca fui particularmente fã dos cinco estágios do luto de Elisabeth Kübler-Ross (negação, raiva, negociação, depressão e aceitação) para os humanos, e acho isso igualmente problemático quando se trata de animais. Normalmente, não negamos a morte deles nem sentimos raiva. Não há negociação a fazer. A depressão é compreensível, se for simplesmente outra palavra para tristeza, e quanto à aceitação, bem, que escolha temos? Não consigo ver genialidade nessa classificação.

Como já mencionei, sinto que a maneira como sofremos a perda, assim como a forma como celebramos a vida que tivemos com nosso companheiro animal, é uma decisão inteiramente pessoal e individual. Ninguém pode prescrever o que devemos fazer; não existe uma maneira "correta" de sofrer, cada um passará por isso de um jeito diferente. Alguns podem achar que sua "dor profunda" é exagerada. Deixe que pensem assim. Talvez pensem que você deveria superar em algumas semanas. Deixe-os. A verdade é que não cabe a eles julgar: é uma coisa pessoal. Algo que ficou evidente para mim depois de estudar profissionalmente psicanálise freudiana durante dez anos é que não existem especialistas em amor — e, devo acrescentar, nem em luto.

Acho que o que complica as coisas é que muitas vezes somos cobrados, principalmente com cães e gatos, por "tomar a decisão final", isto é, abreviar a vida de nosso amigo. Falei sobre isso em um capítulo anterior, mas vale a pena repetir que esse não é um passo a ser dado levianamente. Mesmo que você sinta que não teve escolha (digamos que o sofrimento se tornou insuportável para o animal e não há perspectiva de torná-lo mais leve ou de ele ter um fim natural), sem dúvida sentirá uma culpa imensa. E nisso eu concordaria com Kübler-Ross: negar essa culpa seria um erro. O problema é que, olhando para trás, você pode achar que não era inevitável — que, na verdade, havia escolha. Isso tornará a culpa algo ainda mais difícil de suportar. Por isso é tão importante que você pense com muito cuidado antes de tomar a decisão de acabar com a vida do animal. Talvez ajude pensar: *se eu fosse ela(e), gostaria que minha vida acabasse agora ou que fosse feito tudo para me deixar confortável e me dar mais tempo com as pessoas que amo?*

Falei sobre as ratas a que meus dois filhos se apegaram extremamente. Uma se chamava Ora (sua irmã era Kia, por causa de *Kia ora*, que em maori significa "olá"). Quando tínhamos certeza de que estaria segura (isto é, quando nossos gatos estavam ocupados com outras coisas), ela tinha liberdade de andar pela casa e, muitas vezes, encontrava o caminho para nosso quarto. Um dia ela desapareceu, e ficamos todos muito chateados. Naquela noite, Leila e eu estávamos lendo na cama quando sentimos um leve puxão no lençol; era Ora, subindo em nossa cama. Mas assim que percebemos, em um movimento rápido Meghala, nosso gato-de-bengala, afundou as garras na barriga de Ora; assim que a resgatamos, percebemos que ela havia morrido instantaneamente — talvez de medo. Tivemos que enfrentar uma decisão difícil: diríamos a verdade aos meninos para que parassem de esperar que Ora aparecesse, correndo o risco de que odiassem Meghala por seu comportamento predatório, ou guardaríamos esse segredo? No fim, decidimos esconder seu triste destino dos meninos. Eles choraram por muito tempo, mas nunca nos ocorreu lhes dizer que parassem.

Por mais que seja difícil de escrever isso (na verdade, não sei por que; só sei que é, em certo sentido, chocante), tenho que adicionar um pós-escrito à história da rata. Leila, minha esposa, assim como nossos filhos, também era completamente apaixonada por Ora. Quando Ora foi morta, ela chorou mais — como recentemente me confessou — do que quando seu próprio pai morreu! (Acho que dá para ver que ela não era muito apegada a ele, mas é notável que uma mulher adulta, de grande maturidade emocional e sensibilidade, tenha chorado mais pela morte de uma rata que pela do pai, você não concorda?)

Quando morávamos em uma praia na baía de Karaka, perto de Auckland, Nova Zelândia, um galo e uma galinha faziam parte de nossa família. Tinham muita curiosidade sobre meu trabalho e ficavam em meu ombro enquanto eu digitava (era um livro chamado *Raising the Peaceable Kingdom* [*Criando o Reino Pacífico*, em tradução livre]) até eu terminar. Também gostavam de passear na praia conosco, Benjy e nossos quatro gatos. Eles os deixavam em paz, pois eram mais ou menos do mesmo tamanho. Infelizmente, não formaram nenhum vínculo afetivo, coisa que eu esperava que acontecesse. Mas o perigo era que tanto o galo como a galinha haviam perdido todo o medo dos cachorros (Benjy, é lógico, amava-os como a todas as outras criaturas que encontrava), e tínhamos medo de que isso acabasse mal. Um dia, durante nossa caminhada, um cachorro veio correndo pela praia, viu as aves e correu atrás delas. Elas fugiram o mais rápido que puderam, mas o cachorro as pegou antes que pudessem escapar para casa, e se eu não estivesse logo atrás para resgatá-las, certamente teriam sido mortas. Elas se feriram, mas não com gravidade. Compreensivelmente, as crianças ficaram transtornadas, e decidimos que, em vez de expô-las ao perigo, acharíamos um lar onde pudessem vagar livremente na natureza. Encontramos esse lugar; da última vez que tive notícia deles, já eram pais, avós, tataravós *ad infinitum* (afinal, as galinhas podem viver mais de vinte anos. Como acontece com muitos outros pássaros, sua vida curta em cativeiro humano deve-se unicamente ao fato de não os tratarmos como companheiros, e sim como comida).

O mesmo bom destino aguardava Hohepa ("Joseph" em maori), nosso coelho gigante holandês, outro membro de nosso "reino pacífico" e que também se deu muito bem conosco e com o resto de nosso zoológico — especialmente com um dos gatos, o descontraído ragdoll Tamaiti. Tiramos inúmeras fotos dos dois aconchegados à noite enquanto dormiam: Tamaiti colocava uma pata, protetor, no ombro de Hohepa enquanto cochilavam. Mas ele também perdeu todo o medo de cães e queria passear conosco na praia, especialmente à noite, quando era tranquilo e havia poucos visitantes. O problema era que, cedo ou tarde, um cachorro o notaria e o resultado não seria bonito. Não queríamos repetir o que havia acontecido com nossas galinhas, de modo que decidimos, com o coração apertado (ele era um menino tão carinhoso!), dá-lo a uma pousada chamada The Tree House, bem ao norte de Auckland. E lá ele levava uma vida encantada; ficava no terraço e cumprimentava os novos hóspedes durante o dia, e à noite vagava pela floresta e se alimentava. Até que um dia, fomos informados que ele não havia voltado. Devo dizer que nenhum de nós chorou, de modo que talvez Kübler-Ross estivesse certa: a negação tem seu lugar. Enquanto acreditássemos que Hohepa *decidira* não voltar, poderíamos nos livrar do fardo da dor. Gostávamos de acreditar que nenhum mal lhe acontecera, que ele continuava vivendo sua existência encantada, só que sem a companhia de humanos.

Essa é uma situação difícil para nós — nós como espécie humana. Quando escolhemos um animal como nosso companheiro para a vida, gostamos de acreditar que eles fizeram o mesmo. Mas e se não for verdade? Acho que é meio raro um cão dizer *Adiós* e partir para uma vida sem os humanos que ele conhece há tanto tempo (pelo menos nunca ouvi falar sobre isso). Mas isso acontece com frequência com os gatos; eles escolhem viver com outra pessoa ou inteiramente sem companhia humana — ou seja, tornam-se selvagens. Um de nossos gatos na baía de Karaka, Miki, fez exatamente isso, e foi um choque para todos nós. Era um gato amarelo muito amado e mimado, quase sobrenaturalmente independente; ninguém podia lhe dizer o que fazer. Um dia ele desapareceu, mas não por muito tempo. Um vizinho, duas casas abaixo, disse que Miki havia entrado na casa deles e não queria sair. Eu o trouxe de volta, mas no dia seguinte ele fez o mesmo, e no seguinte também. A mensagem era explícita: pertenço a eles, não a vocês. O homem daquela casa não gostava de gatos, então é lógico que Miki decidiu dormir no travesseiro dele. Ele era *removido* (termo educado) todas as noites durante uma semana e, finalmente, o homem que tinha fobia a gatos cedeu. Eles ficaram próximos, mas não para sempre. Miki deixou a casa dele tão repentina e misteriosamente quanto deixara a nossa, e descobrimos que ele estava morando a alguns quarteirões de distância. Mesma história, mesmo resultado. Logo ele decidiu que não queria viver com humanos — nenhum humano. Ele visitava muitas casas, onde era conhecido, para conseguir toda a comida que queria, mas morava nas colinas atrás, sozinho. Criatura estranha... Mas nos faz pensar: os *cães são mesmo diferentes? São mais parecidos conosco, ou com a maioria de nós, no sentido de que não podem viver sem companhia?* Existem eremitas humanos (mas são raros, tenho certeza) e pode haver alguns cães que vivam sem companhia humana por escolha; se assim for, nunca ouvi falar de nenhum. Parece-me que os cães não escolheriam viver sem humanos como nós poderíamos optar por viver sem companhia. E como comentei no capítulo sobre cães selvagens em outras sociedades, todos eles parecem ter certa expressão triste, como se esse estilo de vida não fosse escolha deles. Eles parecem viver de luto pela vida que gostariam de ter.

A exceção que conheço são os cães de Atenas. Uma amiga minha, a cineasta grega Mary Zournazi, fez um documentário maravilhoso intitulado *Dogs of Democracy* [*Cães da democracia*, em tradução livre], e os cachorros do filme definitivamente não estão de luto. Mas isso porque são tratados com gentileza e afeição. Esses cães de rua são imensamente dignos, e quando há manifestações contra a União Europeia devido as dificuldades impostas ao povo grego, eles estão na linha de frente das marchas, ao lado dos líderes. Respeitados e reconhecidos, não passam fome nem frio. São como aquela famosa frase sobre nações paralelas: seguem seu próprio caminho. Essa também seria uma boa maneira de viver. Quando o mais proeminente desses cães de rua morreu, houve um funeral gigante e grande parte de Atenas ficou de luto.

Não sou um grande fã da psicologia em geral (fui psicanalista freudiano há muito tempo — parece que foi em outra vida), e acho que o mais comum é que a "sabedoria" transmitida por essa ciência seja mais parecida com o que se encontra em cartões prontos (meio duro de dizer, eu sei); em geral, prefiro chorar no ombro de um amigo que no de um estranho com diploma. Dito isso, acho reconfortante que quase todos os psicólogos de hoje concordem que é um erro estabelecer um limite de tempo para o luto, como se alguém que for além do que se considera um período normal fosse neurótico ou, de certa forma, doente. O luto, de certa maneira, *é* um tipo de doença e todos passam por ela em seu próprio ritmo. Assim, as famosas quatro fases (choque e entorpecimento; anseio e busca; desespero; reorganização e recuperação) do psiquiatra e etologista John Bowlby, embora imensamente populares (precederam os cinco estágios de Elisabeth Kübler-Ross) são apenas a teoria de uma pessoa acerca de como o luto deve ocorrer; e sinta-se livre para ignorá-las. Se você está triste ou deprimido como muitas pessoas, não há nada de patológico nisso. E se continuar assim por mais tempo do que alguém poderia desejar, bem, que pena para eles. Não permita que sua dor seja "patologizada"; ela é sua, você é o dono dela. Pode abandoná-la durante a noite ou ficar com ela pelo resto da vida, isso é assunto seu, e não de um psicólogo clínico. Ninguém além de você entende de verdade o que você sente por seu cão ou gato, ou o que está sentindo neste momento; ninguém tem o direito de julgá-lo. Sem regras, sem etapas e ninguém a quem dar satisfação além de si mesmo. Farei uma exceção: não falar sobre a perda nunca é uma boa ideia, especialmente quando se trata da perda de um animal querido. Afinal, somos uma espécie contadora de histórias.

Se não houver ninguém por perto, converse com seu cão ou gato. Eles entenderão os sentimentos por trás das palavras, posso lhe garantir.

11

Nunca mais terei outro cão ou gato — ou terei?

Antes de ter um cachorro, você não consegue imaginar como seria viver com um. Depois, não consegue se imaginar vivendo de outra maneira.

Caroline Knapp

Todos que viram seu cachorro partir estão cientes do que perderam: uma intimidade física e emocional descomplicada que é difícil de ter com qualquer outro ser, mesmo com filhos e cônjuges; não os acariciamos constantemente como fazemos com cães e gatos. Digo descomplicada porque raramente há qualquer ambiguidade; não brigamos, não discutimos, não ficamos emburrados e vamos para outro cômodo ou pedimos espaço. Um cão tem uma fixação total em nós; se estamos escrevendo, ele está deitado aos nossos pés só esperando qualquer mudança que indique o que vem a seguir, para ele e para nós. Somos o mundo dele (os gatos são diferentes, é lógico. Nós vamos até eles).

Portanto, parece que esse relacionamento nunca pode ser substituído. Como poderíamos ter esse apego intenso de novo? Bem, é possível. Não no dia seguinte, com certeza, mas um dia. Por que sentir vergonha de desejar isso? Não veja isso como uma "substituição", pois sabemos que nenhum ser humano ou animal de qualquer tipo pode ser "replicado" ou "substituído" (apesar da clonagem, que acredito que nunca se tornará popular por esse motivo). É lógico que o que você tinha era único, mas situações únicas se repetem, só que de forma diferente.

Em vez de dizer algo óbvio como "ter outro cachorro é uma decisão muito pessoal e ninguém pode decidir por você nem lhe dar conselhos úteis", corro o risco de dizer: "Sim! Tenha outro cachorro!"

Mas com uma ressalva: adote, não compre. Para muitas pessoas isso é óbvio. Mas para outras, pode exigir uma breve explicação. Em março de 2018, 202 cidades dos Estados Unidos (incluindo Phoenix, Filadélfia, São Francisco, San Diego e Los Angeles) proibiram completamente a venda de cachorros em pet shops, e só podem continuar vendendo filhotes se provarem que são de "resgate". Isso porque ficou evidente que a maioria dos filhotes de qualquer pet shop vem do que se conhece como "fábricas de filhotes" (*puppy mills*) e se a palavra *mills* remete a "Dark satanic mills", do poeta William Blake, é porque são o inferno.

O que é uma fábrica de filhotes? Há pelo menos dez mil delas só nos Estados Unidos (e milhares em outros lugares do mundo, incluindo onde eu moro, na Austrália). Existem muitos vídeos na internet que mostram como são esses criadouros,* e se você assistir a um deles, posso garantir que nunca mais pensará em comprar um cão em um pet shop ou pela internet de novo. Enquanto isso, 14 mil abrigos nos Estados Unidos "recebem" oito milhões de cães e gatos anualmente. Desses, de dois a quatro milhões (22% dos cães e 45% dos gatos) são sacrificados todos os anos, alguns porque são

* Aqui está um (em inglês) da Sociedade Humana dos Estados Unidos: <https://www.youtube.com/watch?v=ZVyFSTYY7zg>.

hiperagressivos (geralmente com razão) ou muito doentes — ou na maioria dos casos, porque ninguém quer adotá-los. Quando pensamos que trinta milhões de famílias adquirem um cão ou gato todos os anos, percebemos que se os adotassem de um abrigo, o número de animais sacrificados poderia cair para zero. Portanto, o lugar para se arranjar um cachorro é em um desses abrigos — que, cada vez mais, optam por não matar (até o momento em que este livro foi escrito, havia pelo menos duzentos na lista, que continua crescendo), o que significa que vão arranjar um lar para o cão ou gato ou ficar indefinidamente com eles até conseguirem doá-los. As pessoas que trabalham em abrigos que não sacrificam estão lá pelo amor aos animais. Quem tem fábricas de filhotes, por outro lado, estão nessa só pelo dinheiro, e amar cães não faz parte de seus planos. Os cães vivem em condições péssimas, o casal reprodutor vive basicamente preso a vida toda, em circunstâncias desumanas que lembram o pior dos presídios norte-americanos — comida ruim, lugares lotados, falta de atendimento médico, indiferença dos chamados cuidadores ao sofrimento dos presos. Todos que já visitaram esses lugares concordam: não deveriam existir. Cada vez mais as cidades os condenam abertamente e os banem.

Visitar um abrigo é algo que não se deve fazer levianamente, porque seu coração ficará apertado e você desejará adotar *todos* os cães. Alguns ficam ali em silêncio, como se já houvessem perdido a esperança de que alguém os adotasse; outros latem sem parar. Tenho certeza de que um dia poderemos traduzir esses latidos, e não tenho dúvidas de que dirão: "Estou apavorado. Não sei o que vai acontecer comigo. Eu imploro, por favor, leve-me para sua casa. Deixe-me ficar com você. Deixe-me amar de novo. Não consigo viver sem amar." Só podemos imaginar os pensamentos terríveis que passam pela cabeça deles, famintos por afeto. Temos que lembrar que esses cães evoluíram para expressar amor, para dar e receber. Viver dessa maneira vai contra a natureza mais básica deles. É pura miséria. Quando você compra um cachorro em uma pet shop (e as pet shops mais responsáveis se recusam a vender filhotes), perpetua essa miséria. É claro que os números, tanto de abrigos quanto de casos de eutanásia, não seriam tão grandes se todas as pessoas que têm cachorro ou gato concordassem em castrá-los. Os animais que passam por essa cirurgia segura e quase indolor geralmente se recuperam bem depressa, e frequentemente apresentam uma melhora marcante em seu comportamento. Ficam muito mais calmos e menos agressivos. Nossos gatos sempre passam muito tempo ao ar livre, e as brigas geralmente desaparecem completamente depois que são castrados. Sei que existem pessoas (especialmente homens) que acham antinatural fazer isso com um cachorro. Sim, é, mas definitivamente salva vidas, e acho que você não encontrará um veterinário no país que se oponha a isso. Colocar um cachorro na coleira também é "antinatural"; mesmo assim, é essencial. Portanto, temos que chegar a alguns acordos, seja qual for nossa filosofia.

Certas pessoas desejam um tipo específico de cachorro, de modo que ir a um abrigo é mais difícil, pois podem não encontrar o animal que desejam — se bem que, frequentemente, encontram um que se tornar exatamente o desejado. Nesse caso, minha primeira recomendação é que procurem uma organização especializada em resgatar o tipo de cão que desejam. Isso costumava ser raro, mas está se tornando cada vez mais comum. Por exemplo, se quiser um galgo, há muitos grupos que salvam galgos "indesejados" (principalmente os que perdem as corridas) que seriam mortos, e encontram um lar para eles. Eu peguei um dos meus cães no Guide Dogs for the Blind, uma vez que cerca de 50% dos cães não conseguem ser aprovados no treinamento (o nosso foi astuto e se recusou a aprender, o que foi uma sorte para nós). Se você decidir ir a um criador, faça as devidas diligências: fale com pessoas que já estiveram lá, visite as instalações, insista em ver como os cachorros são mantidos etc. Obviamente, alguns criadores amam seus cães e é por isso que os criam, mas outros estão nesse ramo só pelo dinheiro. Escolha o primeiro grupo, não o último.

Alguns vão querer adotar um filhote, em vez de um cão adulto; isso é compreensível, porque nenhuma criatura nesta Terra é tão divertida quanto um filhote. Por outro lado, por isso mesmo, quase todos os filhotes de um abrigo acabam sendo adotados, e embora eu ache absolutamente essencial existir abrigos que não matem, a realidade é que ainda há muito poucos. A maioria acaba tendo que "descartar" (palavra horrível) os cães que não são adotáveis. Eles são sacrificados. As estatísticas não são encorajadoras: um cão tem 50% de chance de sair vivo de lá. Em alguns abrigos e centros de resgate o número é mais terrível: chega a um a cada dez. Os cães mais velhos não são tão fáceis de doar, e parecem saber disso. Ouvi muitos funcionários de abrigos dizerem isso; portanto, adotar um cachorro mais velho é um ato de compaixão. Visitar um abrigo pode ser emocionalmente traumático, simplesmente porque todos os cães estão esperando por um lar, e muitas vezes não há razão para escolher um em vez de outro, exceto pelo fato de que não podemos levar todos.

Acabei de receber um e-mail da imbatível Karen Dawn, do *DawnWatch* (que dá notícias indispensáveis sobre os animais e sua defesa, que muitas vezes não encontramos em outro lugar). Eu havia lido um rascunho do livro dela sobre a vida com Paula Pitbull, que Karen acreditava ser uma típica pit bull: um animal amoroso e totalmente amigável, mas não muito com outros cães. Essa última peculiaridade dificultava as coisas, como Karen conta no e-mail: "Quando me senti pronta para ter outro cachorro, fui ao canil e perguntei: 'Quem está aqui há mais tempo e adora outros cães?' Surpreendentemente, cheguei a outro pit bull, Winky Smalls (ele tem um olho só), que é o oposto de Paula Pitbull em todos os sentidos — desde sua indiferença pelas pessoas, seu amor por outros cães, sua personalidade um tanto arredia, até a velha alma e natureza profundamente bondosa." Ela me disse que Winky Smalls é tão bom com outros cães que o abrigo o estava usando como cão de teste, para aprender sobre a personalidade de novos cachorros: mesmo que o outro cão fosse agressivo com ele, nunca ocorreria uma briga. Dawn suspeita que sua indiferença geral e comportamento arredio com humanos estranhos é o motivo de ele ter ficado oito meses sem ser adotado; ele mal era visitado. Mas é perfeito para ela. Cada abrigo ou entidade de resgate tem o cão perfeito para alguma pessoa de sorte.

Você deve ter outro gato? Lógico! Mas não é tão simples quanto arranjar outro cachorro, porque é bem possível que você tenha dois gatos e só um deles tenha morrido. E levar outro gato para casa nem sempre é simples.

O gato sobrevivente pode se ressentir e nunca superar uma antipatia inicial. Nesse sentido, os gatos não são como os cães, que são hipersociais e evoluíram de uma espécie também hipersocial. Os gatos evoluíram do oposto (pelo menos, os "nossos" gatos), ou seja, provêm do gato selvagem africano, que é uma espécie muito solitária. Embora não entendamos o que isso significa exatamente, sabemos que, em geral, os gatos selvagens africanos — ancestrais do gato doméstico — evitam uns aos outros (mas lembre-se de que eles têm que procriar, e os bebês ficam com as mães por algum tempo, de modo que não desconhecem inteiramente a experiência com outros animais de sua espécie). Portanto, embora alguns gatos fiquem muito tranquilos na companhia de semelhantes, outros (talvez a maioria) acham a transição difícil. Definitivamente, vi centenas de gatos selvagens vivendo juntos, sem brigas, mas tendo-os observado por um longo período, descobri que eles não tinham muito a ver um com o outro. Não eram hostis nem brigavam, mas pareciam quase fechados em si mesmos. Posso estar errado, mas se não for o caso, não é nada menos que um pequeno milagre (notado por quase todos que escrevem sobre gatos) que os gatos se conectem tão intimamente a uma espécie completamente estranha, ou seja, nós. Não há uma explicação por que motivo isso acontece, ou porque somos tão honrados, mas isso definitivamente ocorre, quase sempre. É raro um gato que não tenha laços afetivos com um ou outro ser humano, e às vezes com mais de um.

Se você tem só um gato e ele morre, é claro que a única coisa lógica a fazer é ir até um abrigo e observar as gaiolas dos felinos. Você se encontrará em um mundo estranho, porque o que tenho observado visitando esses lugares é que os gatos, assim como os cachorros, parecem saber o que os espera, e passam as patinhas pelas grades da gaiola, fazem os sons mais comoventes, implorando que os levemos. (Portanto, mesmo que o gato tenha a sorte de estar em um abrigo que não mata, acho que eles não entendem a diferença, e a maioria deve achar que é o fim para eles, a menos que encontrem uma família para acolhê-los e amá-los.) Mas, independentemente do que eles sintam, é nossa obrigação não os abandonar a um triste destino. Vemos que alguns ficam quietos, especialmente os mais velhos, um tanto misteriosamente cientes de que suas chances não são boas. Parecem resignados, dignos, mas também patéticos. Portanto, se você tem um bom coração, vá contra a corrente e adote um gato mais velho. Todos os filhotes encontrarão um lar, com certeza, mas só *você* adotará o gato mais velho, mais difícil de doar. O bichano lhe agradecerá muito e se aninhará perto de você na cama, e fará aquele som ainda inexplicável que é conhecido por curar todos os tipos de dores — incluindo a maior de todas, a de um coração partido. Por isso, peço que você vá direto ao abrigo mais próximo e leve para casa um adorável gato que lhe dará anos de prazer e carinho. Esse é um milagre histórico tão improvável, considerando a natureza "solitária" do animal, que você obterá prazer infinito só de contemplar quão raro e maravilhoso isso é.

Vou abusar da sorte e sugerir algo mais: que tal pegar dois animais de estimação ao mesmo tempo? Sim, será um pouco mais trabalhoso para você no começo, mas pense na alegria que estará dando ao cão ou gato. Gatos, como acabei de observar, tendem a ser solitários, mas não se você levar dois novos juntos para casa (talvez até dois gatos que já estavam juntos em um abrigo). Ambos estarão em território estranho; portanto, se comportarão melhor, inclusive um com o outro. É mais provável que se unam imediatamente um ao outro que a você, e sentirão menos medo se forem dois. Pense que a maioria dos abrigos dos Estados Unidos hoje não permite que você adote um gato se não se comprometer a mantê-lo dentro de casa. Acho isso difícil de implementar, porque os gatos ficam infinitamente mais felizes quando podem sair de casa; afinal, não evoluíram para ficar confinados. Mas a Sociedade Americana de Veterinária explica, e quase todos os veterinários concordam, que os gatos viverão muito mais tempo dentro de casa do que se fossem livres para andar na rua. Já expliquei o motivo disso — gatos que saem são rotineiramente atropelados (raro é o gato que tem noção de carros; os cães se dão melhor, mas até mesmo eles precisam ser protegidos dessas feras terríveis). Não pense, porém, que não há mais nada a se dizer sobre o assunto. A Associação Americana de Medicina Veterinária considera que há muitos perigos em permitir que os gatos saiam. Há um artigo encantador no *New York Times,** do escritor David Grimm (*Citizen Canine,* ou *Cidadão Canino*) intitulado "Sim, você deve passear com o gato". Tentei e fracassei, mas isso foi com um gato mais velho. É como levar gatos para passear de carro; a maioria odeia, mas só porque não passeavam quando eram filhotes. Eu levava um dos meus gatinhos para passear de carro rotineiramente e, depois, virou sua atividade favorita. Ele parecia um cachorrinho com a cabeça para fora da janela, as orelhas balançando ao vento, vendo o mundo passar com alegria. Tenho certeza de que o mesmo vale para acostumar os gatos a andar com coleira. Depois que pegam o jeito, vão adorar e

---

* <https://www.nytimes.com/2018/12/05/opinion/walk-cat-leash.html>.

você conhecerá um mundo totalmente novo — ou melhor, o mundo visto pelos olhos de um gato. Eu recomendo. Na Nova Zelândia, à noite, nossos seis gatos adoravam dar uma longa caminhada ao luar pela orla onde morávamos. Era o paraíso puro para mim também.

Agora, um gato deixado sozinho em uma casa pode não ser tão solitário quanto um cachorro na mesma situação, mas ele com certeza se sentirá sozinho, pois a maior parte do tempo esperará por você. Se houver outro gato com quem brincar, aí é diferente — na verdade, é outro mundo. Por que não colaborar para isso? Quanto aos cães, sempre achei que, por mais divertido que sejamos, eles *sempre* se divertem mais com outro cão. Não podemos correr atrás de um cachorro como outro cão, nem brincar de luta da mesma maneira, nem morder o pescoço deles e permitir que mordam o nosso, e eles sabem disso; nunca tentarão brincar conosco com tanta violência como fariam com outro cão. Nunca poderemos ser tudo para nosso cão (porém, ele pode ser tudo para nós). Quanto a sairmos durante o dia, bem, nem preciso dizer como a vida é solitária e miserável para um cachorro que fica sozinho em um apartamento o dia todo enquanto seu melhor amigo vai trabalhar longe em um escritório tedioso. Ele só tem um pensamento: *Quando meu amigo vai voltar? Quanto tempo tenho que esperar?* E não acredite no velho mito de que os cães não têm noção do tempo; é óbvio que têm. Alguns filósofos alegaram, sem nenhuma evidência, que os cães também não têm noção de futuro. Sério? Então, como se explica a alegria deles quando pegamos a coleira e dizemos, "Vamos passear!"? Eles estão antecipando o prazer futuro. Portanto, quando ficam sozinhos, eles têm forte consciência da passagem do tempo, tornam-se entediados e infelizes. Mas se houver outro cachorro na casa, eles terão companhia e serão eternamente gratos. Também recomendo contratar *pet sitters* — quase invariavelmente as pessoas que fazem esse trabalho adoram estar com animais, e isso garante diversão e entretenimento enquanto você estiver fora.

Também é preciso pensar nos gatos que ficam sozinhos (se não podem sair de casa). Em suma, o objetivo é levar alegria à vida de um animal que, sozinho, nunca experimentará o amor que nasceu para sentir: o de um companheiro querido. Isso vale também para os gatos. Um amigo, felino ou humano, é uma excelente ideia, assim como passar mais tempo de "qualidade" com seu gato. Tornamos os gatos sociáveis, portanto, é nosso dever lhes dar espaço para expressar essa sua capacidade recém-descoberta. Você também ganhará com isso.

A vantagem de ter outro bicho em casa é que quando você adota de um abrigo, está ajudando um animal a viver uma vida mais feliz, e caso esteja sofrendo a perda de um pet, receberá ajuda para superar sua dor. Você precisa se concentrar em seu novo companheiro para tornar a vida dele inesquecível, porque, ao fazer isso, também tornará a sua própria vida maravilhosa!

12

Rituais de cura que eternizam animais perdidos

A morte deixa uma dor no coração que ninguém pode curar.
O amor deixa uma lembrança que ninguém pode roubar.

De uma lápide irlandesa

Nunca entendi muito bem minha relutância em me envolver em rituais de qualquer tipo. Minha filha Simone, agora com 44 anos, diz que gostaria que sua mãe (que nasceu em 1937 em Varsóvia) estivesse mais disposta a comemorar os feriados judaicos, nem que fosse só o Shabat às sextas-feiras. Isso teria dado a ela uma sensação maior de ser judia, em vez de só me ouvir falar sobre o Holocausto (que, de fato, é o cerne da minha identidade como judeu). Leila, minha esposa hoje, fica animada com qualquer desculpa para fazer uma festa, o aniversário dela e de nossos dois filhos é sempre uma ocasião alegre. Mas eu me recuso a comemorar meu aniversário (Leila insiste que não vai me deixar escapar da festa dos 80 anos, mas vou tentar).

Portanto, não é surpreendente que eu não tenha feito nada externo — mas sim internamente — para marcar o falecimento de muitos amigos animais que passaram por minha vida. Sofri, às vezes muito profundamente, mas não marquei a passagem de forma física.

Agora imagino se, talvez, Simone estivesse certa, e eu devesse ter feito algo concreto quando os animais que amava morreram.

O que eu poderia ter feito? E isso é só outra maneira de perguntar a você, meu leitor, o que fez? E ajudou?

Recentemente, foi publicado no *New York Times* o excelente artigo da colunista e escritora Margaret Renkl, "O que significa ser amado por um cachorro" (18 de junho de 2018), no qual ela escreveu:

> Para entender quão profundamente os cães estão inseridos em nossa própria vida, vejamos o que aconteceu no mês passado quando Emma, nossa dachshund de 15 anos, morreu. Três amigos nos trouxeram flores; um, chocolate; outro, uma torta caseira de morango; outro, uma carne assada e um poema que ele mesmo escreveu. Duas meninas que a amavam fizeram castiçais ("Preciso de água, cola, um pote e um *monte* de glitter", disse a de 7 anos a seu pai).
>
> No Facebook, 158 pessoas escreveram mensagens de condolências.

Eu mesmo procurei meus leitores no Facebook e perguntei como decidiram homenagear um animal de estimação querido que tenha falecido. Imediatamente, comecei a receber respostas interessantes. Fiquei surpreso com a rapidez e a segurança com que as pessoas responderam. Todos pareciam concordar que era necessário fazer algo especial em homenagem ao amigo. Em uma hora, recebi milhares de opções, e todas me pareceram boas. Vejamos alguns exemplos:

Teresa McElhannon Rhyne me disse:

> Perdemos um beagle para o câncer há quase seis anos. Ele foi resgatado, por isso, logo depois que ele morreu, para homenageá-lo, nós demos lar temporário a outro beagle necessitado, e isso nos ajudou muito na cura.

> Acabamos adotando esse beagle também, e quando ela se foi, há poucos meses, demos lar temporário a outro. Até agora, demos lar temporário a três cães nos últimos meses e adotamos um deles (porque ele me lembrava muito o primeiro, também tinha 8 anos e um sopro no coração, de modo que suas chances de adoção eram baixas). Dar lar temporário/adotar outro resgatado não é uma forma única de homenagear um animal de estimação, como é também uma maneira muito significativa e útil em todos os aspectos.

Concordo. Dar lar temporário e adotar cães é uma maneira maravilhosa de salvar um animal que enfrentaria uma perspectiva sombria, e também é uma forma de manter-se conectado ao nosso cão que morreu.

Dara Lovitz fez belos azulejos em sua cozinha com fotos de seus amigos animais falecidos. Ela também tinha uma prateleira com as urnas das cinzas de todos os que morreram. Cada vez que passava por eles, ela se lembrava de seus animais.

Várias pessoas plantaram árvores na floresta em homenagem a seus cães ou gatos. Descobri que existe na Alemanha um movimento que incentiva as pessoas a fazer memoriais simples e rústicos em árvores de uma floresta local. A maioria das pessoas pendura uma pintura ou uma fotografia do animal no tronco de uma árvore; mas se você plantar uma, poderá vê-la crescer e, cada vez que voltar, ela o lembrará de seu amigo. Richard Jones me disse que plantou um pinheiro na floresta, e agora já está da altura dele. Ele me lembrou de como é importante não só estar presente na eutanásia, mas também segurar o animal nos braços enquanto a agulha entra e olhar para ele. Estar presente é, definitivamente, a melhor maneira de encarar esse momento.

Veja um bom exemplo de um dos meus amigos do Facebook, Grant Menzies:

Jessie era uma vira-lata; tinha um pouco de border collie, um pouco de boiadeiro-australiano e muito mais de outros cães. Foi muito triste quando, depois de 18 anos pulando, correndo e mandando na casa como uma princesa, Jessie começou a esmaecer e se deteriorar. Ela perdeu a audição e depois a visão, e então a demência caiu sobre ela como a noite. Uma vez nós a encontramos presa debaixo da mesa de jantar, incapaz de encontrar o caminho para sair daquela floresta de pernas de cadeiras. Muitas vezes, ela passava dias e noites adormecida em frente à lareira, incapaz de subir as escadas para dormir conosco. Quando percebemos que ficar com ela era prolongar seu sofrimento, nós lhe demos rosbife — sua comida favorita — e a deixamos ficar na praia para sentir o mar, que ela adorava. Depois, nós a levamos até o veterinário dela, o homem mais gentil e compassivo que conhecemos. Nós a seguramos no colo, e enquanto o Dr. Bass lhe dava a injeção, ela se virou e nos olhou com olhos que de repente podiam ver nitidamente. Era um olhar de tamanha gratidão pelo que estávamos fazendo que acho que foi isso, mais que sua morte, o que mais mexeu conosco. Depois que passamos um tempo com nossa garotinha, o Dr. Bass a pegou no colo, como a um bebê, e a levou embora. Voltamos para casa nos preparando para encontrá-la vazia, com o mesmo vazio que havia dentro de nós. Mas um milagre aconteceu. Entramos e ambos sentimos que Jessie nunca havia saído de lá. Todos vocês que amam um cão sabem que o ar, a energia de uma casa que tem cachorro é diferente. O ar e a energia dela ainda estavam lá, como se Jessie houvesse nos seguido pela rua desde o veterinário e ainda estivesse ali, pulando pelos quartos. O que me leva ao ritual que você pediu: pegamos a água do pote

> que ela havia bebido uma hora antes e a ração que deixara em sua tigela e colocamos tudo em sua caminha, junto com sua coleira, sua guia, seus brinquedos, e durante uma semana conversamos como se ela não houvesse partido. E era como se ela realmente não houvesse abandonado o corpo cansado e dolorido. E no fim da semana, nós nos levantamos de manhã e sentimos uma mudança. "Ela se foi", eu disse. E mais tarde, recebemos um telefonema do veterinário: as cinzas de Jessie estavam prontas para que as levássemos para casa.

Fiquei muito emocionado com essa história. Ela me fez lembrar que depois da morte de um animal que foi intensamente amado, as pessoas costumam ter experiências esquisitas, sonhos estranhos, que parecem visitas, visões ou sensações que não conseguem explicar. Tenho certeza de que sempre que mencionar em público que um animal querido seu morreu, você não só será alvo de compaixão, como também ouvirá muitas dessas histórias tão incomuns. São algo para se pensar.

Nem todas as homenagens precisam ocorrer depois que o animal de estimação morreu. Adoro a seguinte história de Jill Hinckley, irmã de um de meus velhos amigos. Ela e o marido homenagearam em vida seu cachorro antes que ele morresse, para que ele também pudesse curtir a celebração, e adorei o sonho que ela teve anos depois, que lhe mostrou que nem mesmo a morte havia diminuído a capacidade de seu cachorro se divertir.

Jill escreveu:

> Nosso golden retriever, Yeller, viveu até os 18 anos, uma idade quase inédita para um cachorro tão grande. Em seu último aniversário, demos uma festa para ele e convidamos toda a vizinhança. Todas as crianças e cães com quem ele havia feito amizade ao longo dos anos foram

comemorar com ele. A essa altura ele já tinha problemas para se levantar, mas ficou deitado em um cobertor na entrada da garagem e se deleitou com tanta atenção.

Entre o aniversário dele e o momento — alguns meses depois — em que tivemos que nos despedir, havíamos concluído que "havia chegado a hora" três ou quatro vezes, mas ele sempre se recuperava. Estávamos tentando avaliar o momento em que a vida se tornaria mais um fardo que um prazer para ele, mas essa hora nunca chegou.

Um dia, quando ele não conseguiu mais se levantar do cobertor nem para se aliviar, soubemos que era hora de chamar a veterinária para aplicar a injeção letal. Mas embora ele estivesse nitidamente envergonhado pela sujeira que estava fazendo, seu entusiasmo pela vida permanecia intacto. Enquanto esperávamos a veterinária, pedimos uma pizza. Havia pouca coisa que ele gostasse mais que comer as bordas que jogávamos para ele. Dessa vez, pedimos uma extragrande e lhe demos não só as bordas, mas alguns pedaços inteiros. Ele estava no sétimo céu!

Ele tomava tramadol para a dor, e meu marido, Ron, dizia "Dê mais uma dose a ele", não porque não suportasse ver Yeller sofrer, mas porque esperava que isso o fizesse dormir, pois para meu marido era difícil ver Yeller ainda tão feliz. Seria possível que ainda não fosse a hora? Mas nós dois sabíamos que era, e Yeller também, mesmo se deleitando em suas últimas horas de vida.

Quando a veterinária chegou, ela de fato lhe deu algo para dormir antes de aplicar a injeção letal. Isso foi uma grande bênção para mim, pois me permitiu abraçá-lo e confortá-lo enquanto ele adormecia alegremente, e depois saí da sala antes de ele realmente morrer.

> Continuei sonhando com ele durante anos. Em uma série de sonhos especialmente vívidos, ele reaparecia depois de eu saber que havia morrido, e embora eu achasse que ele havia tido permissão para voltar por um breve período, ele continuava indo e vindo, correndo, brincando, nadando e rindo. Como se nem a morte pudesse extinguir sua *joie de vivre*.

Às vezes, comunidades inteiras homenageiam um animal amado que morreu, e não estou me referindo agora a um domesticado, e sim a um crocodilo completamente selvagem de Far North Queensland, na Austrália. Um grande crocodilo de água salgada que se pensava ter cem anos foi encontrado morto a tiros em março de 2019. Ele era uma presença constante em uma pequena comunidade à beira-mar ao sul de Cairns. Com quase cinco metros de comprimento, ele se chamava Bismarck e era conhecido por sua gentileza. A comunidade autóctone de lá o considerava um deles, e alegava que ele ficava perto das casas para proteger as pessoas de outros crocodilos mais agressivos. Bismarck tomava sol nas margens do rio enquanto as pessoas passavam. Eles adoravam tê-lo ali, e organizaram um funeral público comunitário em homenagem ao "gentil gigante", como era chamado. Toda a comunidade compareceu.

Eu diria que a forma mais comum de memorial é uma árvore. Acho que associamos nossos animais de estimação ao ambiente natural. Monique Hanson disse: "Meu beagle, que havia sido de laboratório, tem uma árvore com uma placa dedicada a ele em um parque ao qual íamos para falar sobre os horrores dos testes em animais. Também enterrei um pouco de suas cinzas perto da árvore dele."

A maioria quer somente recordar. Como Shushana Castle escreveu:

> Enterramos Lollipop no jardim, ao lado do banco em que nos sentávamos de manhã para tomar café e à noite

> com ela. Ver o lugar onde ela descansa nos dá alegria. Depois que ela foi enterrada, nós nos sentamos ao seu redor para descansar e conversamos sobre os grandes momentos que ela nos deu. Nossos vizinhos colocaram flores no túmulo dela, o que nos deu muita alegria.

Mas outros querem levar o animal consigo quando morrerem. Várias pessoas escreveram algo semelhante ao que Karen Coyne me disse:

> Pretendo guardar as cinzas de meus animais durante toda minha vida e enterrá-las comigo quando meu tempo aqui acabar. Nada muito interessante, até porque parece que em nossa sociedade não existe uma tradição referente à perda de um animal como há para um companheiro humano. Sofri muito quando perdi meu bebê canino, que compartilhou comigo todos os dias de minha vida durante 16 anos, e mesmo assim, não houve cartões de condolências, encontro de pessoas, nada. É lógico que as pessoas sofrem com a perda, mas não existe um padrão a seguir. Quanto ao meu gato, minha alma gêmea, guardei suas cinzas. Tenho um tufo de pelo dele em um frasquinho e uma pintura estilizada dele feita por um amigo artista. Mas o principal é que sempre recordo o tempo que vivemos juntos.

Isso deveria nos lembrar de demonstrar às pessoas que perderam um animal que sabemos do seu sofrimento. Fazemos isso rotineiramente quando se trata de humanos, mas nos esquecemos de fazê-lo quando ocorre com animais.

Estranho (na verdade, não é estranho, considerando quão profunda é nossa necessidade de acreditar) quantas pessoas procuram videntes na esperança de que eles lhes digam algo sobre seus animais na vida após a morte, mesmo não acreditando no além ou na possibilidade de se comunicar com os mortos.

Kate Holmes disse:

> Enterramos Dudley, nosso old english sheepdog, em nosso quintal perto do balanço. Ele adorava ficar ao sol lá fora. Ele foi homenageado com uma bela pedra e uma pequena cruz de metal. Quando Dudley morreu, um grande pedaço de meu coração foi com ele. Falei com uma amiga que sente espíritos animais e foi reconfortante; ela me disse que ele havia feito a passagem e estava seguro. Não sei quanto acredito nisso, mas é bom de ouvir.

Acho que em momentos como esses, *qualquer coisa* boa e reconfortante que se diga sobre o animal que partiu é recebido com gratidão. Algumas pessoas, porém, acreditam literalmente na capacidade de saber o que acontece com eles após a morte. Christine Scalfo me disse que quando seu cachorro, Rock, morreu, quase dez anos atrás, foi o pior dia de sua vida:

> Entrei em contato com uma vidente que trabalha com animais cerca de um mês depois que ele morreu. Ela me disse coisas que ninguém saberia. Isso me confortou porque senti que ele ainda estava comigo, embora não em forma física. Mas minha maior homenagem foi um livro que fiz sobre a vida dele; foi muito terapêutico. De vez em quando, dou uma olhada (como na semana passada) e ainda choro. Sinto muita falta de meu filhinho.

Muitas pessoas optam por homenagear seu companheiro que se foi com tatuagens; suspeito que a maioria seja jovem. Julie Ward Burges escreveu:

> Tenho tatuagens por todo o corpo, lembrando todas as minhas almas gêmeas. E está em meu testamento meu desejo de que, quando eu morrer, minhas cinzas sejam misturadas com as de todos os meus amigos animais. Não me interessa o que seja feito conosco depois disso, contanto que estejamos todos juntos.

E Daniela Castillo:

> Fiz uma tatuagem da minha gata, o amor da minha vida. Ela esteve comigo durante a faculdade de veterinária, e quando estava na Austrália fazendo mestrado, alguém a envenenou. Eu, como veterinária, não pude fazer nada por minha própria gata. Fiz uma tatuagem enorme nas costas e toda aquela dor que senti na pele parecia lavar a dor na alma.

Bonnie Richmond disse:

> Tive e perdi muitos amigos de quatro patas ao longo dos anos. Resgato ratos domésticos e, infelizmente, eles têm vida relativamente curta — dois a três anos, em média. Mas têm muito amor nesse curto período de vida. Meu rato mais longevo, Faith, viveu 3 anos, 4 meses e 24 dias. Eu sabia a data de seu aniversário. Ele morreu um dia antes de meu aniversário. Como outros aqui, eu o eternizei em uma tatuagem.

Por fim, Tyler Zee falou de quando Jack, um coelho que ela resgatou de uma fazenda de abate quando era filhote, morreu depois de alguns anos: "Fiz uma tatuagem dela em mim", e lá está uma foto legal dela mostrando seu coelho tatuado no braço.

Até agora, não vimos nenhuma descrição de amizades, luto e homenagens póstumas relativos a cavalos. Acho que a razão pode ser o fato de eu não ter tido nenhuma experiência com cavalos; nunca tive um em casa, jamais cavalguei, talvez erroneamente acreditando que isso seria cruel. Eu pensava que como os grandes felinos são predadores de cavalos selvagens e pulam nas costas deles para derrubá-los, seria necessário um imenso autocontrole para aprender que um humano montado em suas costas não é um predador. Meu medo era que eles aprendessem isso da mesma maneira que os elefantes aprendem — quando alguém quebra seu espírito. Entendo que um cavalo domesticado não é, de forma alguma, como um elefante. Os elefantes foram domados, mas nunca domesticados. Assim, um treinador gentil não traumatizará um cavalo, e cavalos evidentemente sentem afeição por alguns humanos — e muitos humanos sentem grande afeição por muitos cavalos, como ilustrado pelo notável relato de luto compartilhado por Lisa Marie Pompilio:

> Lembro-me de um poema de Lang Leav que começa assim: "Como foi amá-lo?, perguntou a Gratidão." Conheci Rebel quando trabalhava em uma academia de equitação. Ele havia chegado no final do dia do leilão e estava doente de tristeza; nem comia. Então, fiquei até tarde e o alimentei na mão, o tempo todo dizendo a mim mesma: "NÃO SE APAIXONE." Eu já tinha PonyBoy e mal podia bancá-lo, mesmo trabalhando seis dias por semana, mas algo em Rebel me tocou. O amor por um cavalo é diferente do amor por um cachorro ou um gato (tenho os dois). Os cavalos nos desafiam e ensinam, são

espelhos que mostram quem somos, cada coisa feia que tentamos esconder de nós mesmos e cada coisa bonita que não aprendemos a ver sozinhos. Eles nos pedem para aprender com eles, e quando aprendemos, nos dão uma extensão de si mesmos em forma de força e liberdade, calma nas tempestades e domínio das tormentas. Tudo isso tem que ser conquistado.

Isso não quer dizer que começamos bem. Ele tinha raiva do mundo e eu também, por isso constantemente batíamos de frente. Quando olho para trás, percebo com mais clareza como nós dois tínhamos traumas. Ambos havíamos sido abandonados pelas pessoas, desconfiávamos e atacávamos (ele meio que tentou me jogar contra uma árvore uma vez). Mas um dia, tudo se encaixou e eu vi que cavalo incrível ele era quando baixava a guarda e deixava sua personalidade brilhar. Ele era a âncora de PonyBoy e de mim, firme, forte, protetor, bonito e selvagem, como uma tempestade de verão. Sempre me encantava quando galopávamos pelas praias e pela floresta, tão rápido que meu coração explodia de alegria e minha raiva se derretia. Eu me sentia segura e livre. Em troca, eu lhe dei um santuário e todo o amor que tinha em mim. Eu o levei para uma fazenda em New Jersey e ele viveu com PonyBoy e um pequeno rebanho, com cem acres de grama para comer, e só tinha que me acompanhar em trilhas, mergulhar em riachos e me deixar desembaraçar sua crina.

Sou uma mulher de sorte. Tive Rebel por pouco mais de 15 anos; ele viveu até os 35. Aos 33, começou a andar meio rígido e o veterinário diagnosticou artrite osteogênica. Eu o retirei completamente da equitação, o que em si já é uma morte. A ideia de nunca mais montá-lo era desoladora, mas foi aí que nasceu um novo capítulo em nosso relacionamento, e nossos últimos dois anos juntos foram tão maravilhosos. O inverno antes de sua morte foi muito difícil; a artrite havia se espalhado de suas pernas para todo o corpo. Ele começou a perder peso depressa, a ponto de ficar quase irreconhecível. Passava longas horas deitado no campo e, quando se levantava, às vezes tropeçava. Tentei de tudo, de acupuntura a esteroides; estava determinada a salvá-lo. Ele se recuperou e ficou bem por um mês, mas acho que foi mais por mim. Lentamente, enquanto fazíamos um tratamento atrás do outro, fui aceitando que não o salvaria e que só poderia lhe dar o máximo de amor e conforto possível naqueles últimos dias. O veterinário me ligou e disse que eu havia literalmente tentado de tudo, mas que o cavalo estava piorando de novo e que era hora de eu me preparar para o fim. Um dos meus maiores medos era que ele se deitasse à noite, tropeçasse e quebrasse o pescoço quando se levantasse — pior ainda, que ainda estivesse vivo quando alguém o encontrasse de manhã. Foi também a primeira vez que vi medo nele. Ele cochilava, e se eu ou outro cavalo chegássemos perto, ele tentava pular. Eu o submeti à eutanásia em 5 de julho de 2017, cercado por aqueles que o amavam.

Naquela manhã, fui ao campo buscá-lo. Levei PonyBoy conosco, dei-lhe um banho de espuma, fiz farelo de aveia com molho de maçã e cenouras e fiquei com ele enquanto comia. Abracei-o até os veterinários chegarem. Perguntaram-me se eu queria deixá-lo com eles, mas eu não podia deixar que ele partisse deste mundo nos braços de outra pessoa. Fazer eutanásia em um cavalo não é como com um gato ou cachorro. São animais de mais de 500 kg e não vão simplesmente se deitar; vão cair, e uma equipe de pessoas pode fazer tudo que puder para que seja uma queda o mais suave possível, mas ainda assim, será meia tonelada desabando no chão. Eu segurei a cabeça dele nos braços e o senti escorregar enquanto a veterinária injetava os sedativos; seu peso foi caindo em meu peito. Lembro-me de estar cega pelas lágrimas quando a veterinária disse que seguraria a cabeça dele enquanto aplicava a dose final, para ajudar a guiá-lo para baixo. Quando o corpo atingiu o chão, eu desabei. Era como se cada pedaço de felicidade houvesse sido arrancado de meu mundo. Ele estava morto. Depois, levamos PonyBoy para ver o corpo dele. Os cavalos também sofrem a perda, e eles não se separavam havia quinze anos. PonyBoy precisava ver que ele havia partido para não pensar que seu amigo simplesmente havia sido levado para algum lugar. Enquanto esperávamos que seu corpo fosse recolhido e levado ao crematório, fiquei com ele e pedi a meu amigo que cortasse um pedaço de seu pelo. Até hoje, continuo em desacordo comigo mesma sobre se deixá-lo ir naquele momento específico foi o certo, mas sei que, no fundo, ele estava sofrendo, e que o que eu poderia lhe dar, sendo sua melhor amiga, era esse último ato de bondade e misericórdia.

Acho que nunca senti tanta dor no coração ou um sentimento de perda tão grande como nos dias seguintes. Era uma dor física e emocional; eu sentia um buraco dentro de mim, um nó na garganta, e então as lágrimas desciam. Sentia que não podia escapar de meu corpo, um túmulo de dor. Pensar em voltar ao celeiro e não o ver era quase insuportável, mas havia PonyBoy, e quando o vi juro que ele me olhou como se dissesse: "Sei que você não está bem; venha aqui", e passamos o dia em silêncio, olhando o campo e o pôr do sol.

É uma tradição cortar o pelo da cauda do cavalo, e tirei um pedaço de sua crina e do topete também. Trancei a cauda de Rebel e a pendurei em meu quarto com sua rédea e placa de identificação. Mandei fazer uma pulseira com um pedaço de sua cauda para que ele ficasse sempre comigo, e por enquanto, suas cinzas estão em minha casa até que eu decida onde quero espalhá--las. Acho que eu não teria sobrevivido um dia sem o apoio de PonyBoy. Poucos meses depois, uma ex-colega de trabalho comprou um cavalo cujo dono não pagara o aluguel. Ela disse para eu ir montá-lo, que ele era perfeito para mim, e depois de muito insistir, fui vê-lo. A única coisa ruim que eu poderia dizer sobre esse cavalo é que não era Rebel. Depois de alguns meses, concordei em adotar Aragon, e ele me ajudou com a tristeza. Ele me faz rir e me devolveu as asas, e pelo menos por um tempo, na trilha, sinto um alívio da dor, e quando passamos pelos locais favoritos de Rebel e a tristeza se instala, conto a Aragon sobre ele.

Mas, na verdade, há momentos em que sou completamente engolida pela dor. Já se passaram quase dois anos desde que ele se foi. Tentei preencher o vazio com tudo que pude, o que só esvaziou minha conta bancária. Há dias em que até olhar fotos dele é muito doloroso. Muitas pessoas olham para mim e dizem: "Mas você tem este lindo cavalo novo!", como se eu já devesse ter superado isso. Não há limite de tempo para o luto, não há uma data definida para você parar de sentir esse buraco enorme. Há alguns meses, comecei um aconselhamento de luto e aprendi que não devo ter vergonha ou raiva da

> minha tristeza. Comecei a montar um livro de memórias e lido com meu luto um dia de cada vez. Às vezes, isso me pega desprevenida. Recentemente, no celeiro, olhei para o campo e vi um novo cavalo marrom andando com PonyBoy e, por um momento, parecia Rebel. Meu coração se apertou. Tudo que posso fazer é seguir em frente, e nos dias em que não estou tão sensível, penso na bela vida que tivemos juntos e o imagino correndo livre com amigos que morreram antes dele, em um grande pasto verde sem fronteiras. Acima de tudo, penso em como ele cheirava a melaço e terra.

Minha amiga Patty Mark, uma incrível ativista pelos direitos dos animais (geralmente em defesa das galinhas, mas também de qualquer animal, e tenho pena do agressor de animais que a encontre pela frente), escreveu-me sobre uma ovelha, e fico muito feliz por poder incluir esse animal que tantas vezes é esquecido:

> Meu amado Prince morreu há algumas semanas e ainda está difícil aceitar isso. Mudei da casa onde morei por 36 anos para que ele pudesse ter um pasto para passear. Nascido no matadouro, esse cordeirinho querido foi trazido para mim quando tinha dois dias, e dividimos a vida durante os últimos dez anos. Um amigo gentil veio com uma escavadeira e cavou a sepultura dele no jardim da frente de minha casa, agora um santuário animal no interior. Meu filho veio, e juntos pusemos nosso amigo tão amado e respeitado para descansar. Assim que o terreno se assentar, tenho um enorme vaso de concreto que marcará seu túmulo. Essa ovelha tocou o coração de centenas de pessoas durante sua vida.

Fico feliz por não ter recebido comentários só sobre cães, mas também sobre gatos. Veja o que Julie Govegan me disse:

> Eu tinha dois gatos, ambos foram cremados. O primeiro gato era macho, Puddy, que adorava ficar olhando a água que ele mesmo derramava no chão; ficava hipnotizado. Isso era maravilhoso, pois ele tinha medo de todo o restante. Era um gato muito assustado. Decidi jogar suas cinzas em um lago calmo e tranquilo. Sua irmã, Kung Pao Kitty, morreu alguns anos depois. Ela não tinha medo de nada. Nós a levamos aos dois oceanos e ela ficou na frente da água; não correu nem quando chegaram as ondas. Então eu joguei suas cinzas no oceano. Ela morreu aos 24 anos.

Isso me lembra que cada gato, cada cachorro — e claro que poderia dizer cada peixe — é um indivíduo diferente, com suas próprias características. "Peixe?", você pergunta. Sim. Lembra-se do baiacu que formou um vínculo profundo com uma mulher que mencionei no início do livro?

Se há mais comentários sobre cães e a personalidade deles que sobre gatos, deve ser só porque estamos mais sintonizados com os primeiros; mas as duas espécies são extremamente sociáveis. Carolina Meyer disse:

> Três dos meus cães morreram no ano passado, dois de câncer e um de uma doença autoimune. Enterramos cada um deles com seu cobertor ou brinquedo favorito, realizamos cerimônias diante dos túmulos e lhes dissemos o que mais amávamos neles e do que mais sentiríamos falta. Também dissemos em voz alta a coisa mais engraçada ou mais fofa que haviam feito. Depois de alguns

> dias de cada morte, fomos ao centro de controle animal e resgatamos um cachorro do corredor da morte. Continuamos compartilhando vídeos fofos e fotos dos cães que morreram, e também realizamos uma homenagem no aniversário de cada morte.

Adoro essa atitude de resgatar um cão do corredor da morte. Que maneira maravilhosa de retribuir o amor que recebemos de nossos cães! E compartilhar histórias parece ser a coisa favorita a se fazer nas homenagens.

Zoe Weil me disse:

> Temos uma área em nossa propriedade onde enterramos nossos animais. Em cada sepultura, colocamos uma grande pedra que encontramos e gravamos o nome de cada um e tudo o mais que parecesse importante. Quando os enterramos, antes de cobrir o corpinho deles com terra, contamos histórias sobre eles, coisas engraçadas e memoráveis, como os encontramos (são sempre cães resgatados). Quando terminamos, cobrimos o corpinho com terra e plantamos bulbos, flores ou um arbusto no lugar. Nosso filho diz que nunca poderemos vender esta propriedade, porque todos os animais estão aqui.

A princípio, não entendi por que a renomada ativista em defesa dos animais Kim Stallwood disse "Nossa amada cadela Shelly está enterrada secretamente em um lugar aonde ela gostava de ir". *Por que um jardim secreto?*, eu me perguntava. Não creio que cães tenham segredos (se bem que eles guardam nossas confissões). E então, um dos meus amigos do Facebook escreveu isto, e de repente entendi:

> Quando eu tinha 8 anos e meu melhor amigo, Goliath, desapareceu durante uma viagem de verão da família, peguei uma pedra e esculpi o nome dele. Levei a pedra quando nos mudamos e fiz um jardim secreto para ele. Acho que as histórias são o jardim secreto em nosso coração de cada animal de estimação morto.

Isso eu consigo entender.

Eu não sabia, até meu velho amigo Jerry Tsagaratos me contar, que o túmulo de Peggy Guggenheim fica ao lado dos de seus 14 lhasa apsos no museu de Veneza que leva seu nome.

Alguns aproveitam a oportunidade para fazer uma grande mudança na vida — coisa que considero uma ideia maravilhosa. Andrew Begg escreveu: "Quando meu gato foi morto por um carro, jurei parar de fumar. Eu sabia na época, e sei agora, que fumar um cigarro seria desonrar e desrespeitar a memória dele. Isso foi há 13 anos e não vacilei nem uma única vez."

Gary Loewenthal me escreveu dizendo que seu gato Mike também mudou sua vida:

> Por causa dele me tornei vegano e ativista pelos direitos dos animais; inclusive interrompi minha carreira para fazer só isso. Antes dele, eu não havia passado cinco minutos pensando nos animais.
>
> Mike era incrível. Ele adorava comida, mas interrompia seu jantar para ir correndo até mim quando eu entrava pela porta. Nós caminhávamos todos os dias, com coleira e guia, e passei a ver o quintal de uma forma totalmente nova. Ele morreu há cinco anos. Todos os dias desde então, antes de sair de casa, passo trinta segundos em silêncio agradecendo a ele por abrir meus olhos, por tudo que fez, pela dádiva que foi conhecê-lo, amá-lo e ser amado por ele.

Muitas pessoas que me escreveram no Facebook mencionaram que conhecer seus cães e gatos foi o que os transformou em ativistas pelos animais e, frequentemente, veganos.

Outros não foram tão longe, mas, mesmo assim, fizeram algo incomum. Como é o caso de nossa velha amiga de família da Nova Zelândia, Rachel Wilson, que é parteira e acupunturista:

> Fizemos a morte em casa — assim como foi o parto de nossos filhos. Queríamos que nossa cadela Kuri morresse pacificamente em seu lar. Demos a ela um floral, deitamos com ela na cama e o veterinário calmamente a pôs para dormir. O bizarro foi que o cachorro do fim da rua veio, sentou-se aos nossos pés e uivou.

Algumas histórias são bastante estranhas, mas me sinto muito inclinado a acreditar nelas. Veja o exemplo da fundadora da Sociedade Mundial para Proteção dos Animais (WSPA), Joyce D'Silva:

> Eu tinha um gato e uma gata, irmãos. Quando a gata morreu, enterrei-a em meu jardim, sob uma parede vazia da garagem. No dia seguinte, fui lá e o irmão dela, Charlie, estava olhando para essa parede vazia como se estivesse "vendo" algo. Só que não havia nada lá, nenhuma planta, nenhuma borboleta, nada. Mas ele ficou ali imóvel, só olhando, por um bom tempo.

Outro tema recorrente parece ser a mistura das cinzas. Audrey Schwartz Rivers escreveu:

> Os cães e gatos foram cremados e seus restos mortais colocados em belas urnas de madeira ou vidro em nossa sala de estar, em uma área especial. Deixei disposto em

> testamento que as cinzas deles sejam misturadas com as minhas e espalhadas em um lugar especial, todos juntos de novo.

Não sei por que acho desanimadora a ideia de ir ao veterinário para o ato final. E a opção a seguir me parece muito melhor. Ginny Kisch Messina me contou que se despediu de 16 gatos ao longo dos anos, e todos eles receberam a eutanásia em casa:

> Tenho uma grande lata de cinzas de gatos em meu escritório, com uma pequena estátua de São Francisco cuidando dela, e uma montagem de fotos ao lado. Eles são sempre homenageados com uma doação para uma colônia de gatos ferais que ajudei a estabelecer (e que também foi como muitos desses gatos chegaram a mim).

Mas todos parecem concordar com o que Kelly Carson me disse: "Algum tipo de cerimônia é fundamental para dar à sua dor um lugar onde residir." Muito bem colocado; isso mostra aos bichinhos que você se importa e por que isso é importante, como neste relato de Dave Bernazani:

> Em nosso pequeno condomínio de apartamentos em Lafayette, CA, reinava um gato comunitário muito querido chamado Brownie. Era um belo cavalheiro siamês que havia sido abandonado por um inquilino e (enquanto estivemos lá) vivia uma vida de rei, indo de apartamento em apartamento, comendo e dormindo em várias casas, onde quisesse. Ele aprendeu a subir até a varanda do segundo andar para entrar e tirar uma soneca com nossas duas gatas, que o adoravam ainda mais que nós. Quando Brownie foi tragicamente atropelado no estacionamento

> um dia (enquanto eu estava no trabalho), um grupo de residentes o enterrou em um canto oculto e tranquilo do condomínio e cobriu seu túmulo com pedras e flores; colocaram até umas luzes noturnas. Eu construí um banco para minha esposa e outros moradores usarem quando quisessem sentar perto dele um tempo.

Ele me mandou também uma bela foto do banco com lindas pedras pintadas na frente.

Algumas igrejas agora têm uma bênção anual aos animais, frequentada por eles e seus humanos. Suzan Porto, que deu início a esse tipo de culto, disse:

> O evento está em seu 11º ano e é sempre muito frequentado por fiéis e não fiéis. Em um momento do culto, pedimos aos participantes para falar sobre seus animais de estimação que já morreram. Em todos esses anos, muitas histórias provocaram lágrimas, risos, inspiração e lembranças duradouras aos humanos presentes.

Para encerrar, quero incluir o post muito sincero do blog escrito por Vegan Annie sobre seu gato, Chimpy:

> Na última terça-feira, meu querido e mal-humorado Chimpy estava deitado em nossa cama, onde passava a maior parte do tempo. Deitei-me com ele e olhei em seus olhos e, nesse momento, soube que ele havia desistido. A determinação de melhorar havia desaparecido. Meu coração se apertou. Quarta-feira à tarde, depois de um último esforço dos veterinários para salvá-lo, recebi uma ligação cheia de palavras que ninguém quer ouvir.

Não há mais esperança.

Eu os instruí a preparar uma sala para o procedimento da eutanásia e disse que estava a caminho. Quando cheguei ao veterinário, fui imediatamente conduzida a esta sala onde haviam posto uma cama macia, uma vela e as injeções que libertariam meu Chimpy. Ele foi levado nos braços cuidadosos de um técnico e colocado na caminha improvisada. Fiquei sozinha para me despedir do garotinho que trouxe tanta alegria à minha vida. Peguei-o no colo, olhei em seus olhos, agradeci, disse que o amava e que sempre me lembraria dele. Ele olhou para mim, respirou fundo algumas vezes e morreu em meus braços.

Levei Chimpy para casa em uma caixa cheia de cobertores que coloquei em nossa cama, onde ele sempre gostou de dormir. Quando meu marido voltou para casa, enterramos Chimpy em um local onde frequentemente o encontrávamos sentado. Coloquei a coleira nele e um bilhete para o caso de alguém encontrar o túmulo nos próximos anos. Quero que saibam que ali está um gato que tinha um nome engraçado e um rabo mais engraçado ainda; que era amado e que nos amou também; que viveu a vida ao máximo. Um ser importante.

Fazer uma boa e duradoura ação em homenagem aos nossos amados animais me parece o melhor. Um ritual não precisa substituir — e, de fato, contribui com — um compromisso de tornar o mundo melhor para os animais.

Conclusão

A dor sem fim de dizer adeus

Enquanto eu escrevia este livro e conversava com as pessoas sobre a morte de seus cães ou gatos, muitos me disseram palavras como estas: "Não fazia ideia da dor que sentiria, não tinha noção da profundidade dela." Muitos até disseram: "Não chorei assim nem pela morte de minha mãe/pai"; "Eu estava completamente despreparado para a dor que tomou conta de mim"; "Fiquei mal nas semanas seguintes."

Um velho amigo da família, Matt Messner, escreveu-me sobre a profunda dor que sentiu pela morte de sua cadela, Rhiannon:

> A morte mais difícil para mim foi a de Rhiannon. Ela era a menor corgi que se pode imaginar, mas uma fera de personalidade forte. Superinteligente, todos a amavam; sempre era o centro das atenções e divertia todo mundo. Quando eu a levava para passear, sentia sua presença ardente e pensava — mas nunca em voz alta — que a vida dela seria mais curta por causa de toda a energia que ela gastava. Ela era a luz mais brilhante e, quando tinha apenas nove anos, foi diagnosticada com hemangiossarcoma, um câncer no sangue que cria metástases

> depressa e é sempre fulminante. Ela morreu dormindo ao meu lado — foi a única vez que não tivemos que decidir pela eutanásia; acredito que a decisão foi dela. Os outros cães não se aproximaram de Rhiannon depois que ela morreu, como se ela já lhes houvesse comunicado que estava seguindo em frente. Fiquei muito triste, cada respiração era dolorosa, e durante semanas suspirava e chamava por ela, onde quer que estivesse. Acho que às vezes as pessoas pensavam que eu era maluco, pois ficamos alheios ao que está ao redor em momentos de luto. Com o tempo, assim como com os outros, eles se tornam parte de nós. Não que não façam parte de nós quando estão vivos, mas é que estamos vivendo o momento, e com a morte deles, refletimos mais sobre como eles eram importantes para nós.

Ele acrescentou: "Acho muito importante que os outros saibam que a intensa dor da perda faz parte do processo de receber e dar amor aos nossos filhos peludos. E podemos passar por esse processo sem nos sentir culpados ou humilhados por não se tratar de um humano."

Ele tem razão. Acho que muitas pessoas ficam surpresas com a extensão e profundidade da dor que sentem, porque, talvez até sem consciência, foram criados com a ideia de que "eles são só animais". Isso está tão arraigado em nossa sociedade que é difícil não ser contaminado por essa falsa crença.

E talvez por isso não estivessem preparadas para reconhecer a profundidade de seus sentimentos, o que ficou explícito na morte. Estranho que só se conheça o amor na morte, mas acho que isso acontece.

É uma fonte inesgotável de admiração que tenhamos essa intimidade, essa familiaridade absoluta com outra forma de vida. Provavelmente, sempre será um mistério. Não podemos desvendá-lo, mas podemos curti-lo.

Essa mesma intimidade, porém, é responsável por nos deixar arrasados, porque, no fim das contas, o que acontece com quase todos os animais de estimação é que a hora de nos deixar chega muito antes de estarmos prontos para deixá-los partir. É por isso que tantas vezes neste livro me referi às crianças. Esses animais são filhos substitutos, e não digo isso com uma conotação negativa. Acontece com muita frequência: um casal decide não ter filhos por qualquer motivo, mas esbanjam afeto com um gato, cachorro ou pássaro. As pessoas dizem, às vezes com um sorriso irônico, que o animal está substituindo um filho, mas isso não é verdade. Basta pensar em todas as famílias felizes que também têm animais, o que só aumenta sua felicidade. Você não precisa de desculpas para amar, e ninguém tem o direito de dizer que o animal que escolheu como objeto de seu afeto não é adequado para isso. É óbvio que é, e de qualquer forma, só você decide quem recebe ou não seu carinho e amor.

Isso também significa que só você pode decidir por quanto tempo e com que profundidade sofrerá a perda de alguém que fez parte de sua vida. Isso se aplica a filhos, cônjuge, parentes, qualquer amigo humano ou animal. Se alguma pessoa "sem animais" lhe disser "já chega", pode ignorá-la com segurança. Ou melhor, pode lhe ensinar algo. Melhor ainda: dê-lhe um cachorrinho ou um gatinho e observe a vida dela se transformar lentamente.

Tenho um amigo maravilhoso que é professor de psicologia em Londres. Para ele e sua brilhante esposa, os animais eram um incômodo e não valiam seu interesse intelectual. Agora, 19 anos depois, recebo regularmente fotos do animalzinho deles, e a devoção dos dois não tem limites. Quando chegar a hora de chorar a morte dele, nenhum dos dois dirá que isso não faz sentido.

A frase "os animais nos tornam humanos" (usada como título de um livro de Temple Grandin, e, pensando bem, também por mim em um livro com o fotógrafo da vida selvagem Art Wolfe, *Dogs Make Us Human* [*Cães nos fazem humanos*, em tradução livre]), nunca é mais verdadeira que quando sofremos a perda deles. Digo isso porque tenho certeza de que as emoções são a essência de nosso ser (daí a importância da inteligência emocional, que se tornou quase uma expressão da moda para substituir as habilidades intelectuais) e nossa capacidade de sofrer pela morte de um animal de estimação ou de qualquer outro, inclusive um que não conheçamos pessoalmente. Ouvi dizer que existem (raras) pessoas que sofrem pela morte dos animais que são comidos rotineiramente, e quando veem um caminhão transportando-os ao matadouro, sentem uma profunda tristeza, assim como nós quando "nosso" animal morre. Que mundo maravilhoso seria se essas pessoas fossem a maioria! A morte do animal libera emoções desconhecidas em nós; é como um presente que eles nos dão, permitindo-nos entrar em contato com nossa natureza mais profunda. Pessoas me descreveram ter sentido pura tristeza quando seu amigo animal morreu, como se houvesse dentro delas alguma emoção que não conheciam. "Simplesmente começou a surgir", disse-me uma pessoa, "e veio onda após onda. Fiquei surpreso. Claro que eu amava meu cachorro, mas nunca imaginei que sentiria essa dor avassaladora. Ela tomou conta da minha vida. Sou muito grato aos meus amigos que não zombaram de mim e só expressaram compaixão".

Durante muitos anos eu me perguntei se os cães sabem que seu fim está próximo. Ou se toda sua energia emocional está centrada em nós. Uma última lambida, uma última abanada de rabo para o melhor amigo deles no mundo inteiro. Quem consegue não chorar nesse momento?

Agora, depois de escrever este livro, tenho certeza de que os cães *sabem* que o fim está próximo. Eles *têm* um conceito de morte, eles *pensam* nisso; ou melhor, *sentem* isso. A verdade é que nunca saberemos o que exatamente eles pensam sobre esse assunto.

Comecei este livro com um sonho, e posso terminá-lo com outro. É um lindo dia de primavera; estou passeando com Benjy por uma floresta em Berlim quando nos deparamos com um funeral. Juntamo-nos à procissão e chegamos a uma sepultura onde estão descendo um caixão. O caixão parece estar aberto, então, curioso, dou um passo à frente para olhar. Dentro estão Benjy e eu.

Acho que a sensação será essa mesmo. Quando Benjy morrer, parte de mim irá com ele. Enquanto escrevo estas últimas linhas, Benjy ainda está vivo, aos 14 anos, o que é muito para um grande labrador dourado com problemas cardíacos — o problema dele é que tem um coração muito grande. Tinha que ser, para conter todo o amor que ele distribui.

Há um conto da célebre escritora Lorrie Moore, na coleção *Pássaros da América,* no qual ela fala sobre a personagem Aileen, que ficou completamente abalada com a morte de seu gato Bert, com quem vivera por dez anos — mais que com o marido. Ela pensava nas coisas que ele fazia que a divertiam ou comoviam, "Certa vez, estava procurando minhas chaves e disse em voz alta: 'Onde estão minhas chaves?', e ele entrou correndo na sala pensando que eu o estava chamando." O marido dela, Jack, não teve compaixão e insistiu para que ela procurasse um psiquiatra. Ela concordou com certa hesitação, mas quando foi ao psiquiatra, disse a ele: "Ouça, esqueça o Prozac, esqueça o abandono de Freud da teoria da sedução, esqueça Jeffrey Masson." Imagine minha surpresa ao ler isso pela primeira vez, porque a autora está se referindo, inesperadamente, à minha pesquisa sobre a negação de Freud do abuso sexual na infância, o que gerou muita controvérsia quando meu livro sobre o assunto foi lançado. No entanto, concordo plenamente com o argumento de Aileen de que a morte de um animal de estimação não é o momento de se dedicar à intelectualização e à psicanálise. E certamente não é a hora de se medicar, seja com drogas prescritas ou com outras substâncias na tentativa de suprimir seus sentimentos.

Quando sofremos, não importa quão profundamente, por quanto tempo ou por quem (cachorro, gato, pássaro, cavalo, ovelha, galinha, peixinho dourado, vombate, crocodilo), *nós* somos os únicos especialistas em nossa dor; os únicos que têm o direito de decidir quando ela acaba (se acaba), e não precisamos de ajuda profissional de pessoas que pensam que conhecem nossas emoções melhor que nós mesmos. Ninguém conhece. Na verdade, não existem especialistas em luto ou em amor, ou em qualquer uma dessas emoções importantes que nos tornam humanos. Só precisamos de amor e apoio da família e dos amigos. Se cães, gatos e outros animais nos permitem sentir essas emoções profundas, então conseguiram nos tornar mais humanos, e essa é a melhor coisa que pode nos acontecer. Portanto, digo a vocês, meus leitores: celebrem o tempo com seus animais, e quando chegar a hora de dizer adeus, façam-no do seu jeito, pelo tempo que quiserem, e celebrem a vidas deles e os presentes que lhes concederam.

Posfácio

Benjy morreu hoje, 1º de agosto de 2019.

Ilan teve que ir a Barcelona por seis meses e Benjy não estava em condições de viajar (mal podia andar e não conseguia subir e descer escadas). Por isso, Leila entrou em contato com sua prima na Bavária, que administra um acampamento infantil na base dos Alpes. Ilan o levou há dois meses e ficou enquanto Benjy se acostumava com a nova casa. Ele a aceitou imediatamente e, mais importante, todos lá o aceitaram. Rapidamente ele se tornou o ombro no qual todas as crianças choravam (eram crianças que foram enviadas para lá por causa de problemas em casa) e o amigo noturno. Ele *queria* andar, mas era cada vez mais difícil. Ele se deitava ao sol. Todos foram visitá-lo, inclusive Leila e Ilan, apenas uma semana antes de sua morte. Ao vê-los, ele parecia inseguro e meio confuso, como se dissesse: "Quem são essas pessoas? Parece que as conheço." E então, de repente, ele entendeu e foi correndo, e não saiu do lado deles durante os três dias seguintes. Ele os lambia sem parar e tinha um olhar de felicidade naquela carinha gentil. Dá para ver isso na foto de Benjy super relaxado e contente com a cabeça no colo de Ilan, sua posição favorita. Ele viveu uma espécie de renascimento; parecia alerta, cheio de energia, e até deu uma longa caminhada ao redor de um lago. Estava muito feliz por estar com sua família de novo. Mas não guardava rancor por eles o terem deixado, pois gostava de sua nova casa e de seus novos amigos. Ele tem aquele dom de amar onde quer que esteja, desde que seja cercado de pessoas que gostam de sua companhia. E quem não gostaria?

Mas ontem, a prima de Leila ligou para ela e Ilan na Espanha para dar a má notícia de que Benjy estava piorando depressa. Ele não conseguia se levantar e parecia estar sofrendo. Eles haviam chamado o veterinário porque a coisa parecia feia. O veterinário disse que os pulmões e fígado dele estavam cheios de água. O veterinário e a prima de Leila, seguidos por muitos novos amigos de Benjy, levaram-no para a campina, deram-lhe um comprimido para dormir, e quando ele roncava pacificamente, realizaram a eutanásia. Ele não sentiu nada. Está sendo enterrado no prado com vista para a fazenda.

Benjy trouxe muito amor para muitas pessoas; era seu dom especial. Ele não conseguia parar de amar todos os humanos e todas as criaturas. Amava pessoas e amava pássaros, esquilos e até ratinhos. Não havia ser consciente que Benjy não estivesse preparado para amar, e eles o amavam também, por sua natureza gentil, sua bondade, sua simpatia e compaixão, que brilhavam fora dele. Ele tinha aquele carisma especial dos seres com excesso de amor. Manu e eu recebemos a notícia aqui em Sydney e choramos nos braços um do outro, mas ficamos muito felizes por Leila e Ilan terem conseguido passar aqueles momentos finais com ele. Parece que Benjy esperou que eles chegassem antes de partir para o grande desconhecido. Se houver alguma coisa lá, sei que serão abençoados por receberem essa criatura de puro amor.

Este livro foi composto na tipografia Apollo MT Std,
em corpo 12/16, e impresso em papel
off-white no Sistema Cameron da
Divisão Gráfica da Distribuidora Record.